Supplementary Materials to Accompany

Seventh Edition

Puntos
de partida

An Invitation to Spanish

Eighth Edition

Sharon Foerster | Jean Miller

University of Texas at Austin

 **Learning Solutions**

Boston   Burr Ridge, IL   Dubuque, IA   New York   San Francisco
St. Louis   Bangkok   Bogotá   Caracas   Lisbon   London   Madrid
Mexico City   Milan   New Delhi   Seoul   Singapore   Sydney   Taipei   Toronto

The **McGraw·Hill** Companies

Supplementary Materials to Accompany
Puntos de partida: An Invitation to Spanish, Eighth Edition

1 2 3 4 5 6 7 8 9 0 QPD QPD 0 9 8

ISBN-13: 978-0-07-338897-7
ISBN-10: 0-07-338897-1

Custom Publishing Specialist: Judith Wetherington
Production Editor: Susan Culbertson
Printer/Binder: Quebecor World

ACKNOWLEDGMENTS

The authors are grateful to Judy Wetherington, the Senior Solutions Manager, whose support and encouragement throughout the years have helped make all the versions of *Supplementary Materials* a success. We thank Sue Culbertson, the Senior Production Editor, and her team, who so carefully guided us through the process of preparing these materials. Also a special thanks to the Foerster and Christensen families for their help and support during the preparation of this edition.

ÍNDICE

Ante Todo
Pronunciación.............................1-3
Grammar Worksheets 4-5

Capítulo 1
Pronunciación................................7
Listening Comprehension 8
Grammar Worksheets 9-12
Repaso 13-17

Speaking Activities
Information Gap Activity 18
Bingo 19
Round Robin: Grammar Monitor....20

Capítulo 2
Pronunciación................................21
Listening Comprehension 22
Grammar Worksheets 23-29
Repaso 30-32
El horóscopo.................................33-34

Speaking Activities
Bingo 35
Communicative Goals Practice #1...36

Capítulo 3
Pronunciación................................37
Listening Comprehension 38-39
Grammar Worksheets 40-44
Repaso 45-47

Speaking Activities
Entrevista 48-49
Information Gap Activity 50
Guided Writing and Speaking.........51
Key Language Functions 52

Capítulo 4
Pronunciación................................53
Listening Comprehension 54
Grammar Worksheets 55-60
Repaso 61-62

Speaking Activities
Entrevistas 63
Guided Writing and Speaking.........64
Round Robin: Grammar Monitor....65
Bingo 66
Communicative Goals Practice #2...67

Capítulo 5
Pronunciación.................................69
Listening Comprehension 70-72
Grammar Worksheets 73-77
Repaso 78-81

Speaking Activities
Entrevista...................................82
Key Language Functions 83
Guided Writing and Speaking.........84

Capítulo 6
Pronunciación.................................85
Listening Comprehension 86
Menú: La Hostería del Laurel...............87
Grammar Worksheets 88-96
Repaso 97-99

Speaking Activities
Entrevista...................................100
Bingo 101
Guided Writing and Speaking.......102
Communicative Goals Practice #3 ...103

Capítulo 7
Pronunciación.................................105
Listening Comprehension 106-107
Grammar Worksheets 108-115
Repaso......................................116-117

Speaking Activities
Key Language Functions 118
Guided Writing and Speaking.......119
Bingo 120
Entrevista...................................121
Round Robin: Grammar Monitor..122

Capítulo 8
Pronunciación.................................123
Listening Comprehension 123
Grammar Worksheets 124-131
Repaso 132-135

Speaking Activities
Bingo 136
Guided Writing and Speaking.......137
Communicative Goals
    Practice #4............................138

Capítulo 9
Pronunciación.................................139
Listening Comprehension 139-140
Grammar Worksheets 141-146
Repaso 147-149

Speaking Activities
Key Language Functions 150
Guided Writing and Speaking 151
Bingo 152
Information Gap Activity 153-154

Capítulo 10
Pronunciación 155
Listening Comprehension 155
Grammar Worksheets 156-162
Repaso 163-165

Speaking Activities
Guided Writing and Speaking 166
Bingo 167
Communicative Goals Practice #5...168

Capítulo 11
Pronunciación 169
Listening Comprehension 170
Grammar Worksheets 171-175
Repaso 176-179

Speaking Activities
Key Language Functions 180
Guided Writing and Speaking 181
Round Robin: Grammar Monitor....182

Capítulo 12
Pronunciación 183
Listening Comprehension 183-184
Grammar Worksheets 185-192
Repaso 193-195

Speaking Activities
Bingo 196
Guided Writing and Speaking 197
Communicative Goals Practice #6...198

Capítulo 13
Listening Comprehension 199-200
Pronunciación 201
Grammar Worksheets 202-208
Repaso 209-211

Speaking Activities
Sondeo: Lasartes....................212
Bingo 213
Key Language Functions 214
Round Robin: Grammar Monitor..215
Guided Writing and Speaking 216

Capítulo 14
Listening Comprehension 217-218
Grammar Worksheets 219-221
Repaso 222-224

Speaking Activities
Round Robin: Grammar Monitor..225
Guided Writing and Speaking 226
Bingo 227
Communicative Goals Practice #7...228

Capítulo 15
Pronunciación 229
Listening Comprehension 229
Grammar Worksheets 230-237
Repaso 238-240

Speaking Activities
Key Language Functions 240
Guided Writing and Speaking 241
Bingo 242

Capítulo 16
Pronunciación 243
Listening Comprehension 243-244
Grammar Worksheets 245-250
Repaso 251-255

Speaking Activities
Information Gap Activity 256
Guided Writing and Speaking 257
Communicative Goals Practice #8...258

Capítulo 17
Pronunciación 259
Listening Comprehension 259
Grammar Worksheets 260-264
Repaso 265-269

Speaking Activities
Key Language Functions 269
Guided Writing and Speaking 270

Capítulo 18
Pronunciación 271
Listening Comprehension 271
Grammar Worksheets 272-276
Repaso 277-279

Speaking Activities
Key Language Functions 279
Round Robin: Grammar Monitor..280
Guided Writing and Speaking 281
Communicative Goals Practice #9...282

ANTE TODO

Communicative Goals for Ante todo

By the end of this chapter, you should be able to:

- meet and greet others ❑
- describe yourself and others ❑
- count to 30 and do simple math ❑
- talk about likes and dislikes ❑
- tell time ❑
- get information by asking questions ❑

Grammatical Structures

You should know:

- **ser** ❑
- some interrogative words ❑
- **gustar** ❑
- **hay** ❑

PRONUNCIACIÓN

A. Spanish vowels are easier and more dependable than English vowels. Memorize this poem and use it to remind yourself how to pronounce Spanish vowels.

A E I O U
Arbolito de Perú
¿Cómo te llamas tú?

B. Practice the following sentences out loud:

A   Ana va a la Argentina mañana.
E   Elena no escribe en español.
I   Ignacio es ideal para ir a Iguazú.
O   Hay una oportunidad en la oficina de Octavio.
U   Marilú y Luis son uruguayos.

1. El hipopótamo es enorme.
2. El elefante es grande.
3. La rosa es rosada.
4. El teléfono es importante.
5. Antonio es inteligente.
6. María es tímida.
7. Enrique Iglesias es famoso.

PRONUNCIATION AND GEOGRAPHY PRACTICE

A   Panamá--ciudad--Caracas--capital--Caracas es la capital--
Caracas es la capital de Venezuela--España--Madrid--
Madrid es la capital de España--Islas--Islas Canarias--
Nicaragua--Managua--Managua es la capital de Nicaragua--
Guatemala--La Paz--Portugal--Salamanca

E   México--Monterrey--Monterrey está--Monterrey está en
México--Venezuela--Cartagena--Belize--Ecuador--
Palenque--América--Barcelona--Sevilla--Sevilla está--
Sevilla está en España.

I   Islas--Lima--Lima es la capital--Lima es la capital del Perú--
Quito--Quito es la capital del Ecuador--Bolivia--Bolivia
está--Bolivia está en América Latina--país--Brasil--Brasil es
un país--Chile--Potosí--Potosí está en Bolivia--Rico--Puerto
Rico está en el Caribe.

O   Colombia--Bogotá--Bogotá es la capital de Colombia--
Orinoco--Costa--Costa Rica--San José es la capital de Costa
Rica--Ecuador--Andorra--Andorra está al norte de España--
Honduras--Copán--Copán está en Honduras--Domingo--
Santo Domingo--Toledo

U   Acapulco--Cancún--península--Yucatán--Cancún está--
Cancún está en la península de Yucatán--Cuba--República--
Perú--Cuzco--Cuzco está en el Perú--Machu Picchu--
Uruguay--Cataluña--Honduras

COGNATES: PRONUNCIATION PRACTICE

Working with a partner, create ten combinations using words from the three noun lists and combining them with a word from the adjective list. Five of your combinations should be logical and five should be funny or "combinaciones locas." Note that adjectives generally follow nouns.

Ejemplos: la clase maravillosa, el cocodrilo delicioso

LUGARES:

el apartamento	el océano	la clase
el banco	la universidad	la región
el museo	la comunidad	el club
la refinería	el ecuador	la nación
la estación	el parque	el restaurante
el garaje	la oficina	el gimnasio

ANIMALES:

el elefante	el cocodrilo	el hipopótamo
la serpiente	el tigre	el ratón
el león	el gato	

COSAS:

la línea	la bicicleta	el teléfono
la cámara	el documento	el artículo
la radio	la lista	la computadora
la fotografía	el texto	la planta

ADJETIVOS:

fabuloso	estupendo	desastroso
estúpido	curioso	furioso
delicioso	popular	magnífico
fantástico	religioso	emocional
nervioso	sentimental	maravilloso

1. _____
2. _____
3. _____
4. _____
5. _____

6. _____
7. _____
8. _____
9. _____
10. _____

PRÁCTICA: LA HORA Y LOS SALUDOS

Use the clocks shown and the greetings below to answer the questions.

Los saludos: Buenos días   Buenas tardes   Buenas noches

¿Qué hora es en Madrid? _____

¿Qué saludo usas? _____

¿Qué hora es en Buenos Aires? _____

¿Qué saludo usas? _____

¿Qué hora es en San Francisco? _____

¿Qué saludo usas? _____

¿Qué hora es en Nueva York? _____

¿Qué saludo usas? _____

En este momento, ¿qué hora es? _____

¿Qué hora es en Madrid? _____

¿Qué saludo usas en Madrid en este momento? _____

PRÁCTICA: PREGUNTAS Y RESPUESTAS

Some students are talking about classes and the new semester. Complete each conversation with the correct question word: **¿cómo? ¿dónde?**, or **¿qué?**

Laura: ¿ _____ es tu clase de español?
David: ¡Es fabulosa! Es mi clase favorita.

Anita: ¿ _____ es la orientación para nuevos estudiantes?
Tomás: Es en el auditorio Rubén Darío.

Sonia: ¿ A _____ hora es la fiesta?
Pablo: Es a las ocho de la noche.

Laura: ¿ _____ es el profesor de ciencias?
David: Es muy inteligente pero un poco nervioso.

Rubén: ¿ _____ se llama tu libro de texto?
Elisa: El libro se llama *Puntos de partida*.

Diego: ¿ De _____ eres?
Anita: Soy de Venezuela. ¿Y tú?

Laura: ¿ _____ hay en el centro estudiantil (*student union*)?
Sonia: Hay de todo... una cafetería, una librería, un banco...

Pablo: ¿ _____ está el profesor ahora?
Marta: Está en la oficina.

Marta: ¿ _____ te llamas?
David: Me llamo David Ramos. ¿Y tú?

Juana: ¿ _____ hora es?
Julio: Son las diez y cinco.

Rubén: ¿ _____ te gusta comer pizza?
Tomás: Me gusta comer pizza en Pizza Hut.

Anita: Hola, Elisa. ¿ _____ estás hoy?
Elisa: Muy bien, gracias. ¿Y tú?

C A P Í T U L O
1

Communicative Goals for Chapter 1
By the end of the chapter you should be able to:

- talk about your college or university ❏
- discuss your schedule, courses, professors ❏
- talk about activities you do on campus ❏
- get information by asking questions ❏

Grammatical Structures
You should know:

- articles ❏
- **-ar** verbs ❏
- **estar** ❏
- negation ❏
- interrogative words ❏

PRONUNCIACIÓN

A: las matemáticas--Marta--A Marta no le gustan las matemáticas.--cifras--Hay cifras.--Hay cifras sin parar.--la calculadora--salva--La calculadora me salva.--sumar--sumar y restar--sumar, restar y multiplicar--El alemán--A Ana--A Ana le encanta el alemán.

E: Eliseo--Mérida--Eliseo es de Mérida, México--estudia--ciencias--Estudia ciencias en los Estados Unidos.--le encantan--las ciencias geológicas--A Eliseo le encantan las ciencias geológicas.--el estudiante--egoísta--Es el estudiante menos egoísta de la clase.

I: La química--la química y la física--La química y la física son ciencias.--Inés--le interesa--A Inés le interesa la ingeniería.--Iñigo Irizarry--Iñigo Irizarry es ingeniero.--Es un ingeniero inteligente e impresionante.

O: Begoña--español--Begoña enseña español.--a las once--Begoña enseña español a las once todos los días.--Obligatorio--Es una clase obligatoria.--Sus horas de oficina--Sus horas de oficina son a las once y a las dos los miércoles.

U: La universidad--la universidad pública--A Lupe le gusta la universidad pública.--La universidad pública es muy popular.--Hugo--Hugo estudia humanidades.--A Hugo le gustan sus cursos universitarios.--Umberto--Umberto y Hugo son los únicos alumnos uruguayos.

LISTENING COMPREHENSION

 # 1   You will hear a passage about Roberto and Luis. The first time, listen for the answers to the Cierto/Falso statements below. The second time, listen for the answers to the short-answer questions.

¿Cierto o falso?

1. Los dos amigos son estudiantes.

2. Uno de los amigos habla muchas lenguas.

3. Luis no trabaja porque es estudiante.

4. Están contentos en la universidad porque las librerías son buenas.

Preguntas. Answer with short Spanish sentences.

1. ¿Cómo se llaman los dos amigos?

2. ¿Estudian los dos?

3. ¿Dónde trabaja Luis?

4. ¿Qué enseña Roberto?

5. ¿Por qué trabaja Luis?

 # 2   You will hear a short passage about Ramón and María. Listen for the answers to the Cierto/Falso statements below.

¿Cierto o falso?

1. Ramón y María son estudiantes.

2. Estudian en Buenos Aires.

3. Son de la Argentina.

4. Estudian por la mañana.

5. Caminan por la calle Florida con frecuencia.

6. Allí compran muchas cosas interesantes.

PRÁCTICA: LOS ARTÍCULOS DEFINIDOS E INDEFINIDOS

Complete each sentence with the correct definite or indefinite article, according to the context.

los artículos definidos

el	la
los	las

los artículos indefinidos

un	una
unos	unas

1. Hay _____ diccionarios españoles en _____ Biblioteca Internacional.

2. _____ exámenes de _____ estudiantes están en _____ mesa de _____ profesora Bonilla.

3. _____ programa de música clásica es en _____ teatro de _____ universidad, mañana por _____ tarde.

4. En _____ librería, hay _____ lápices especiales y _____ cuadernos grandes para _____ clase de arte.

5. _____ oficina de _____ profesora Méndez está en _____ Departamento de Lenguas. _____ número de teléfono es 381-0047.

6. Hay _____ problemas graves con _____ programas de computadoras en _____ laboratorio de lenguas.

7. _____ director del Centro Internacional está aquí todos _____ días a _____ dos de _____ tarde.

8. Hay _____ clase de computación por _____ noche.

9. _____ estudiantes de _____ clase de inglés desean hablar con _____ consejera ahora.

10. _____ problema con _____ universidad es que es muy grande.

11. Todos _____ estudiantes necesitan pagar _____ matrícula hoy, antes de _____ seis de _____ tarde.

12. En _____ mochila del estudiante nuevo, hay _____ papeles, _____ lápices, _____ calculadora y _____ mapa (*masc.*) de _____ universidad.

PRESENT TENSE OF <u>-AR</u> VERBS

bailar	enseñar	practicar
buscar	estudiar	regresar (a casa)
cantar	hablar	tocar
comprar	necesitar	tomar
desear	pagar	trabajar

Complete the sentences with a logical verb, correctly conjugated for the subject given.

<u>En la universidad:</u>

1. ¿ _____ (nosotros) español por la noche?
2. La profesora Ybarra no _____ inglés.
3. ¿Cuántas clases _____ (tú) este semestre?
4. Elena _____ en la biblioteca.
5. ¿Cuándo _____ (nosotros) la matrícula?

<u>En el café:</u>

6. Jorge y Pedro _____ más café.
7. Patricia _____ la guitarra.
8. Nosotros _____ una canción de Carlos Santana.
9. Clara _____ una Coca-Cola.
10. Paco no _____ bailar con la estudiante italiana.

<u>En la librería:</u>

11. Sara _____ un diccionario.
12. Raúl _____ un cuaderno y una calculadora también.
13. ¿ _____ (tú) los libros con cheque?
14. Los clientes _____ con una dependienta.
15. Los dependientes no _____ muchas horas hoy.

<u>En la residencia:</u>

16. Nuria _____ una compañera de cuarto.
17. Tomás _____ alemán con el estudiante de Berlín.
18. Este fin de semana, nosotros _____ para visitar a mi familia.
19. Yolanda _____ con su mamá en México.
20. ¿ _____ Uds. tomar un café por la tarde?

PRÁCTICA: FORMAS PLURALES

Change the sentences to the plural following the model.

Modelo: Ella busca la oficina de la consejera. →
Ellas buscan las oficinas de las consejeras.

1. Hay una palabra nueva en la pizarra.

2. Yo deseo comprar una mochila roja y un cuaderno grande.

3. La profesora busca un lápiz y un diccionario.

4. En la clase, hay una ventana.

5. Mi amigo canta una canción romántica.

6. El secretario boliviano trabaja en una oficina pequeña.

7. El muchacho estudia, escucha música y habla por teléfono.

8. Yo estudio porque deseo hablar una lengua extranjera.

9. La estudiante española toma una clase con el profesor simpático.

10. En la residencia universitaria hay una cafetería horrible.

PRÁCTICA: PREGUNTAS Y RESPUESTAS

Create a logical question for each answer below.

Modelo: (¿<u>Dónde está la profesora Guzmán ahora</u>?)
La profesora Guzman está en la oficina ahora.

1. _____

   Este semestre, estudio química, literatura, español y filosofía.

2. _____

   El profesor Dávila enseña 3 clases.

3. _____

   Necesitamos comprar más bolígrafos y cuadernos.

4. _____

   El estudiante extranjero se llama Fernando.

5. _____

   Tomás regresa a la residencia por la tarde.

6. _____

   Porque deseo hablar español con mis amigos de México.

7. _____

   Roberto paga $92 por los libros de texto.

8. _____

   Pago la matrícula con un cheque.

9. _____

   Mercedes trabaja en la biblioteca.

10. _____

    Beatriz y Lourdes hablan español.

11. _____

    Yo compro una mochila roja; mi amigo compra una azul.

12. _____

    Practicamos en el laboratorio de lenguas.

REPASO: ANTE TODO Y CAPÍTULO 1

I. <u>Los artículos</u>

(definido)		(indefinido)	
_____	profesor	_____	hombre
_____	mujer	_____	oficina
_____	libro	_____	tarde
_____	problema	_____	profesores
_____	clases	_____	días
_____	noches	_____	secretario
_____	drama	_____	biblioteca

II. <u>Formas plurales</u>. Change to the plural.

el actor _____ un dólar _____

la universidad _____ la nación _____

una calculadora _____ el papel _____

un problema _____ una mujer _____

la señorita _____ un lápiz _____

III. <u>Pronombres.</u>

A. What pronoun would you use to talk about the following people?

el profesor de historia _____

los estudiantes de la clase de español _____

Beyoncé y Shakira _____

tus (*your*) amigos y tú _____

B. What pronoun would you use to talk to the following people?

el presidente de la universidad _____

un niño (*child*) _____

tu amigo/a _____

tus amigas _____

IV. <u>La hora</u>. Create a question for the following answers:

1. ¿ _____?
   Son las once y veinte de la mañana.

2. ¿ _____?
   La clase de sociología es a las dos de la tarde.

3. ¿ _____?
   Regreso a casa a las cinco y media.

<u>Expresa en español</u>.

1. _____
   Excuse me, miss. What time is it?

2. _____
   It is 7 p.m. on the dot.

3. _____
   Spanish class is at 11 a.m., but (**pero**) history class is at 4.

4. _____
   I need to study at 3 this (**esta**) afternoon.

V. <u>Los números</u>. Complete the sentences with the written form of the numbers given.

1. En mi clase de biología, hay (17) _____ chicos y (21)

   _____ chicas.

2. Hoy necesito comprar mis libros. El libro de inglés cuesta (30)

   _____ dólares. También necesito comprar (6)

   _____ cuadernos y (12) _____ bolígrafos.

   Ahora hay (7) _____ clientes en la librería, pero sólo (1)

   _____ dependienta.

3. En el departamento de lenguas extranjeras, hay (29) _____

   profesores. (21) _____ profesores son de Europa o América

   Latina.

VI. <u>Gustar</u>. Contesta con una frase completa.

1. ¿Te gusta la comida italiana? _____

2. ¿Te gusta escuchar música clásica? _____

3. ¿Te gusta la universidad? _____

4. ¿Te gusta tomar café? _____

5. ¿Te gustan los compañeros de clase? _____

6. ¿Te gustan las clases difíciles? _____

7. ¿Te gustan los exámenes? _____

8. ¿Te gustan las fiestas? _____

<u>Expresa en español</u>.

9. _____

   I like Chinese food a lot.

10. _____

   But (**Pero**) I don't like hamburgers.

11. _____

   Do you like your (**tus**) clases?

12. _____

   I don't like my (**mi**) physics class.

VII. <u>Verbos</u>. Choose the most logical verb and then conjugate it correctly.

1. Los estudiantes de español _____ (trabajar/cantar) mucho.

2. Nosotros _____ (practicar/desear) hablar español.

3. La profesora Gómez _____ (bailar/enseñar) a las once.

4. Los estudiantes _____ (necesitar/mirar) estudiar todas las noches.

5. ¿Tú _____ (estudiar/buscar) español también?

6. ¿Qué otros (*other*) cursos _____ (pagar/tomar) tú este semestre?

7. Yo _____ (practicar/desear) español con unos amigos.

8. ¿Tú _____ (desear/necesitar) tomar un café con nosotros?

VIII. <u>Palabras interrogativas</u>. Use the following question words and verbs to create eight questions about people and actions in the drawings, then add your own answers.

¿Dónde?	¿Cómo?	¿Cuál?	¿Cuándo?
¿Por qué?	¿Qué?	¿Quién?	¿Cuánto?
¿A qué hora?			

hablar	pagar	enseñar	comprar
desear	regresar	tomar	buscar
necesitar	trabajar		

La Profesora Gil

El Sr. Miranda

Marcos

1.

2.

3.

4.

5.

6.

7.

8.

IX. <u>La negación</u>. Answer the questions negatively.

1. ¿Toman Uds. siestas en la clase de español?

2. ¿Necesita Bill Gates más dinero?

3. ¿Te gusta la coliflor?

4. ¿Compran los estudiantes los libros de texto en una biblioteca?

5. ¿Hablan Uds. español perfectamente?

X. <u>¿Qué dices</u>? What do you say in Spanish in each of these situations?

1. Ask the new foreign student where s/he is from.

2. Beg your teacher's pardon after stepping on her toe.

3. Ask your friend if he likes Spanish class.

4. Now ask your friend if he likes tacos.

5. Tell someone that itís nice to meet her/him.

6. Ask the foreign student if s/he wants to have coffee with you.

Information Gap Activity: ¿Qué clases tomas?

Fill out the first chart below in Spanish with your class schedule. Include the name and time of the class, referring to your book if you need to check how to say a class subject in Spanish.

lunes	martes	miércoles	jueves	viernes

Now find a partner and, using the model questions below, fill out the second chart with information about his or her schedule. After you and your partner have exchanged information, check to make sure you have each other's schedules written correctly.

MODELO: ¿Tomas una clase el lunes (el martes, el miércoles, etc.)?
                Sí, tomo el álgebra.
                ¿A qué hora?
                A las once de la mañana.

lunes	martes	miércoles	jueves	viernes

¿Es posible tomar un café juntos un día? ¿Cuándo?

BINGO: GUSTAR

___ la comida china	___ estudiar español	___ los tacos	___ tocar el piano	___ el chocolate
___ jugar al tenis	___ las siestas	___ el programa "Survivor"	___ la universidad	___ Britney Spears
___ los restaurantes de comida rápida	___ bailar	___ las películas de horror	___ las telenovelas	___ la música clásica
___ el vino	___ cantar en la ducha (shower)	___ los perros	___ el café	___ hablar por teléfono
___ practicar deportes	___ la música latina	___ los idiomas extranjeros	___ las clases a las ocho de la mañana	___ Oprah Winfrey

Round Robin: Grammar Monitor Activity

In this activity you will work in groups of three. Each partner will alternate roles until all three of you have (1) described one of the women; (2) asked questions; and (3) served as the grammar monitor.

Partner A: Describe one of the women at the party. Include her physical characteristics, her personality and what she likes to do.

Partner B: Listen carefully as Partner A describes one of the women. Then ask two questions to get more information about her.

Partner C: As the grammar monitor, your job is to listen for agreement errors that Partners A and B may make. Jot down any errors you may hear. Example: *Nati es alta y delgado.* Note that *delgado* should be *delgada.* When Partners A and B are finished, give them feedback on whether or not they are doing well on noun/adjective agreement.

Now switch roles. Partner A takes the role of Partner B (the person asking questions), Partner B takes the role of Partner C (the grammar monitor), and Partner C takes the role of Partner A (the describer).

C A P Í T U L O
2

Communicative Goals for Chapter 2
By the end of the chapter you should be able to:

- describe friends and family ❑
- tell your age and birthday ❑
- identify a person's nationality ❑
- indicate purpose and reason for doing something ❑
- tell what belongs to you and others ❑

Grammatical Structures
You should know:

- **ser** ❑
- possessive adjectives ❑
- **-er** and **-ir** verbs ❑
- placement of adjectives ❑

PRONUNCIATION

Listen and repeat after your instructor. Then practice in pairs.

1. Tu tía Tula tiene treinta tortillas tostadas.
2. Mi padre y mi primo, Paquito, practican con su profesor Pablo Pérez.
3. Imelda es impaciente, incompetente e indiscreta.
4. Patricia Pineda es práctica, patriótica y poética.
5. Lola López Ludwig, la alemana, está en Lima hasta el lunes.
6. El general Geraldo Germán es religioso y generoso.

LISTENING COMPREHENSION

#1 You will hear a passage about a student named Carlos Padilla. Listen for the answers to the <u>Cierto/Falso</u> statements below.
1. Carlos estudia en la Universidad de los Andes.
2. Vive en la Calle 18.
3. Tiene ojos negros.
4. Tiene dos hermanos y una hermana.
5. Tiene dos perros.

#2 You will hear a conversation that takes place in a local supermarket. Listen for the answers to the questions below.
1. ¿Compra el Sr. Hernández la comida por la mañana o por la tarde?
2. ¿Cómo se llama la esposa del Sr. Hernández ?
3. ¿Cuántas hijas hay en la familia Hernández?
4. ¿Cómo se llama el perro?
5. ¿Dónde trabaja Catalina? ¿Por qué?
6. ¿Dónde trabaja el Sr. Hernández? ¿Y su esposa?

FAMILY TREE DIAGRAM

Listen as your instructor reads a description of a family. Fill in the names of the family members and their ages as you hear them.

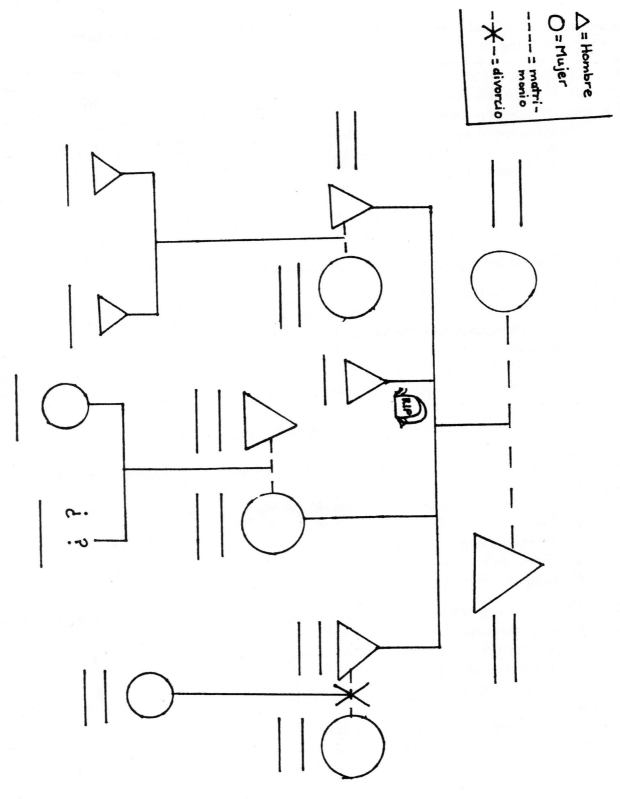

¿CÓMO ES ESTA FAMILIA?

Look at the drawing of the family tree, then use the adjectives on pp. 64 and 69 of your textbook to describe each person or group of people listed. Use your imagination, and try to use at least two adjectives for each person or group.

Modelo: Juanito   _____, _____, _____
           Juanito es   joven,   cariñoso y gracioso.

1. Joaquín

2. Manolito

3. Mercedes y Elena

4. Luis

5. Josefina

6. Sultán

7. Carmencita y Manolito

8. Joaquín y Josefina

9. Michín

10. Juan

PRÁCTICA: Las nacionalidades

Complete the table with the answers to the three questions below.

	¿De dónde es?	¿Qué nacionalidad es?	¿Qué lengua habla?
1	Greta es de Alemania.		
2		Chiyo es japonesa.	
3			Sofía habla italiano.
4		Ramón es español.	
5	Helen es de Corea.		
6		Juan Pablo es mexicano.	
7	Juanita es de Bolivia.		
8		Diana es inglesa.	

¿<u>Cierto o falso</u>? Correct the false statements, using the map below.

1. Mercedes es de Asunción.
   Es uruguaya. _____

2. José Carlos es de Buenos Aires.
   Es argentino. _____

3. Maricarmen es de Quito.
   Es peruana. _____

4. Paco y Pepe son de Bogotá.
   Son venezolanos. _____

5. Las hermanas Ramos son de Santiago.
   Son chilenas. _____

6. Lola es de Caracas.
   Es venezolana. _____

7. Enrique y Adriana son de Montevideo.
   Son argentinos. _____

8. Gilberto es de Lima.
   Es peruano. _____

PRÁCTICA: Explaining your reasons

Answer the questions using **porque** (because) or **para** + *infinitive* (in order to...).

Modelo: ¿Por qué vendes tu bicicleta?

Vendo mi bicicleta **para comprar** otra bicicleta nueva.

Vendo mi bicicleta **porque** necesito el dinero.

1. ¿Por qué deseas aprender español?

2. ¿Por qué estudias en esta universidad?

3. ¿Por qué practican los estudiantes en el laboratorio?

4. ¿Por qué tomas café por la mañana?

5. ¿Por qué debes asistir a la clase de español todos los días?

6. ¿Por qué vives en una casa (un apartamento/una residencia)?

7. ¿Por qué tomas una siesta a veces?

8. ¿Por qué miras televisión?

9. ¿Por qué toman siestas los estudiantes?

10. ¿Por qué necesitan estudiar Uds. antes del examen?

11. ¿Por qué a veces regresas a casa tarde los fines de semana?

12. ¿Por qué es necesario pagar la matrícula pronto?

13. ¿Por qué es importante hablar otra lengua?

PRÁCTICA: Los posesivos

Complete the passages with the correct form of the possessive adjectives indicated in parentheses.

Un regalo apropiado

Los Sres. Osorio buscan un regalo para (1. *their*) _____ hijo Héctor, porque es (2. *his*) _____ cumpleaños el sábado. La Sra. Osorio cree que Héctor necesita una mascota, y como (3. *his*) _____ animales favoritos son los perros, ella quiere comprarle un pastor alemán (*German shepherd*). El Sr. Osorio dice: "(4. *My*) _____ amor, Héctor no es muy responsable. Además, (5. *your*) _____ mamá y (6. *his*) _____ tíos tienen mascotas y vivimos cerca de ellos. Prefiero encontrar un regalo más útil (*useful*) para (7. *our*) _____ hijo". Por eso, los Osorio van a la tienda de (8. *their*) _____ amigo, don Alfredo, y compran una computadora para Héctor.

Una familia grande

¿Cómo es (1. *your*) _____ familia? En (2. *my*) _____ familia, hay muchas personas. Para empezar, (3. *my*) _____ abuelos paternos tienen seis hijos. (4. *Their*) _____ hijos se llaman José María, Laura, Victoria, Mateo, Blanca y Arturo. (5. *My*) _____ padre es Arturo, el hijo menor. Nosotros vivimos en Chicago, pero todos (6. *our*) _____ tíos y primos viven en Oklahoma.

La familia de mamá es bastante grande también. (7. *My*) _____ mamá es de Guadalajara, México, y (8. *her*) _____ tres hermanas viven allí. También viven allí (9. *her*) _____ padres, (10. *my*) _____ abuelos maternos. La abuela piensa que (11. *her*) _____ hija debe regresar a México para vivir, pero a mamá le gusta (12. *her*) _____ vida aquí. Pero vamos a Guadalajara todos los años para visitar a todos (13. *our*) _____ parientes allí. En Guadalajara, nos quedamos (*we stay*) con (14. *my*) _____ tíos Enrique y Teresita o con (15. *my*) _____ abuelos. (16. *Their*) _____ casas son relativamente grandes, y hay lugar para todos.

PRÁCTICA: Descripciones y preguntas

Describe each person, give his/her nationality and age, and then write three questions you might ask that person. Try to include one question starting with *¿Con qué frecuencia...?*

Palabras interrogativas:
¿Qué?   ¿Cómo?   ¿Cuándo?   ¿Dónde?   ¿Quién?   ¿Cuánto?   ¿A qué hora?   ¿Por qué?

Modelo: Nina es alta, morena y delgada.
                 Es peruana y tiene veintiún años.

1.   Nina, ¿qué lees?
2.   ¿Con qué frecuencia estudias en la biblioteca?
3.   ¿A qué universidad asistes?

PRÁCTICA: SOPA DE VERBOS

Complete the passages by choosing the most logical verb for the context and conjugating it as necessary for the subject given.

Mi vida en la universidad

       Este semestre, yo (tener/vivir) _____ en un apartamento. Mi compañero de casa (me llamo/se llama) _____ Ernesto. No me gusta vivir con él, porque (ser/tener) _____ egoísta y perezoso. Por ejemplo, (tocar/tomar) _____ la guitarra a las dos de la mañana y siempre (llegar/hablar) _____ por teléfono. ¡Yo (comprender/creer) _____ que (deber/desear) _____ buscar un nuevo compañero de casa pronto!

       Muchos de mis amigos (vivir/mirar) _____ en residencias universitarias. Los sábados, nosotros (asistir a/llegar) _____ conciertos o fiestas. A veces, nosotros (comer/beber) _____ en un restaurante italiano que nos gusta mucho. Los domingos, yo siempre (tener/tomar) _____ un café en mi café favorito y (leer/escribir) _____ el periódico. Después, cuando (abrir/recibir) _____ la biblioteca a las doce, yo (estudiar/hablar) _____ allí (there) para mis clases el lunes.

Una visita a casa

       Yo (vender/vivir) _____ en la universidad, pero mi familia (vivir/asistir a) _____ en Tampa. Con frecuencia, yo (regresar/llegar) _____ a casa los fines de semana para visitar a mi familia. Cuando yo (llamar/llegar) _____ a casa, siempre hay una comida (meal) especial. Nosotros (creer/comer) _____ y (hablar/leer) _____ de mi vida en la universidad. Después, nosotros (mirar/tomar) _____ la televisión y a veces yo (tomar/tocar) _____ una siesta. Por la noche, yo (escribir/hablar) _____ por teléfono con mis amigos de Tampa, y vamos (we go) a un club para (estudiar/escuchar) _____ música y (bailar/practicar) _____. Mi mamá (comprar/creer) _____ que yo (deber/desear) _____ escribirles más cartas. También dice (she says) que yo (necesitar/aprender) _____ regresar a casa más. Mis padres no (escuchar/comprender) _____ que yo (trabajar/necesitar) _____ estudiar. Por eso, (tener/ser) _____ imposible visitar a mis padres todos los fines de semana.

PRÁCTICA: ENSALADA DE VERBOS Y ADJETIVOS

Complete the following passage by selecting the correct verb/correct adjective for the context. When given a choice between two verbs, choose the most logical one; with adjectives, change them to agree with the nouns they modify.

(1. Estudiar - yo) _____ el español porque (2. ser) _____ importante hablar un idioma (3. extranjero/a) _____. Mi amigo Brian tiene una novia (4. colombiano/a) _____ y por eso él (5. tomar) _____ la clase; él desea (6. hablar) _____ con ella.

Yo (7. tener) _____ clase a (8. los/las) _____ nueve de la mañana; en mi clase (9. hay/están) _____ 23 estudiantes. Generalmente, Brian y yo (10. llegar/trabajar) _____ a las nueve menos tres pero la profesora no (11. llegar) _____ hasta las nueve. Ella (12. te llama/se llama) _____ Beatriz y (13. ser/tener) _____ 28 años. (14. Los/Las) _____ estudiantes de la clase (15. ser) _____ muy diferentes y por eso es (16. un/una) _____ grupo interesante. (17. Mucho) _____ estudiantes (18. practicar/tocar) _____ un deporte; otros (19. trabajar) _____, pero todos nosotros (20. estudiar) _____ mucho.

En general, me (21. gustar) _____ la clase. A veces escribimos composiciones (22. corto) _____; también (23. practicar) _____ en el laboratorio y (24. escuchar) _____ canciones en español. Después de (*after*) clase, no (25. desear - yo) _____ estudiar más y (26. necesitar) _____ descansar. Por eso, voy (*I go*) con Brian y nosotros (27. tomar) _____ un café o un refresco. Después, (28. regresar - yo) _____ a la residencia para estudiar y tal vez (*maybe*) para tomar (29. un/una) _____ siesta (30. corto) _____.

REPASO: CAPÍTULO 2

I. Vocabulario

A. <u>Los adjetivos y la concordancia</u>. Complete the following sentences paying attention to agreement. Try to list at least 3 adjectives for each person.

1. Yo soy _____

2. Mi mejor amigo/a es _____

3. Mi pariente favorito/a es _____

B. <u>Definiciones</u>

1. La hermana de mi padre es mi _____

2. El padre de mi madre es mi _____

3. El hijo de mi hermana es mi _____

4. La madre de mi sobrino es mi _____

5. Las hijas de mis tíos son mis _____

II. Gramática

A. <u>**Ser** and Possesion</u>. Look at the picture below, then answer the questions.

1. ¿De quién es la computadora?

2. ¿De quién son las dos camisas?

3. ¿De quién son los dos perros?

4. ¿De quién es el coche?

5. ¿De quiénes son los helados?

B. <u>Los usos del verbo **ser**</u>. Complete the passage with the correct form of the verb **ser**.

¡Hola! Me llamo Carlos Domínguez. _____ estudiante de ingeniería.

_____ alto, delgado y un poco perezoso. Mi familia y yo _____ de Madrid.

Mi padre, José, _____ periodista y mi madre, Sara, _____ maestra. Tengo

dos hermanas menores, Elena y Sarita. Ellas _____ estudiantes también.

C. <u>La nacionalidad</u>.

1. Johnny Depp es un actor _____

2. Acapulco y Veracruz son ciudades _____

3. El tequila es una bebida _____

4. El Jaguar es un coche _____

5. Berlín es una ciudad _____

D. <u>Los posesivos</u>. Aunt Hortensia is helping everybody find things and get organized for the first day of school. Complete her sentences with the correct form of the possessive.

1. José, (*your*) _____ cuadernos están en (*your*) _____ coche.

2. Liliana, Rafael, aquí tengo (*your*) _____ libros.

3. Aquí están los lápices de Beatriz. Voy a ponerlos en (*her*) _____ escritorio.

4. ¿Alguien sabe dónde está (*my*) _____ calculadora?

5. Creo que (*our*) _____ mochilas están en (*their*) _____ cuarto.

E. <u>Un domingo en casa</u>. Complete the sentences with the correct form of the most logical verb in parentheses.

1. Después de misa, nosotros (llegar/hablar) _____ a casa a la una.

2. Por la tarde, papá y yo (leer/abrir) _____ el periódico.

3. Mi hermanita menor, Patricia, (vender/aprender) _____ un nuevo juego en la computadora.

4. Mamá (estar/escribir) _____ una carta a los abuelos.

5. A veces, la tía Raquel y mis primos (comer/vivir) _____ con nosotros.

6. Todos nosotros (escuchar/mirar) _____ una película a las seis en la tele.

7. Yo (ser/regresar) _____ a mi residencia en la universidad por la noche.

III. ¿Qué dices? What do you say in Spanish in each of these situations?

1. You want to find out whose backpack is in your car.

2. Explain to your roommate your reasons for not studying tonight.

3. Find out how often your friends study in the library.

4. You need to find out the capital of Venezuela.

IV. Diálogo

Your exchange-student roommate is coming home for the weekend with you. Write a short dialogue in which

- your roommate asks about your family

- you describe your family and say what you do together when you come home

- you ask your roommate about his/her family and what they do when they're together

EL HORÓSCOPO

PISCIS: (del 19 de febrero al 20 de marzo). Usted es muy trabajador y muy independiente. Sus relaciones no son estables. No es celoso. Color: amarillo.

ARIES: (del 21 de marzo al 19 de abril). Usted es muy expresivo, activo y enérgico. Es un amante muy apasionado y tal vez un poco impulsivo e impaciente. Color: rojo brillante.

TAURO: (del 20 de abril al 20 de mayo). Usted es un poco temperamental. Es fiel a sus amigos. Tiene un buen sentido del humor. Colores: café oscuro y negro.

GÉMINIS: (del 21 de mayo al 20 de junio). Usted es versátil, divertido y muy sociable. No es muy sentimental. Le gusta mucho conversar y es también un maestro excelente. La familia y los amigos son muy importantes en su vida. Color: azul marino.

CÁNCER: (del 21 de junio al 22 de julio). Usted es muy sensible. Busca la seguridad y la buena vida. El dinero es muy importante para usted. Es una persona activa y a veces intensamente romántica. Colores: crema, amarillo y blanco.

LEO: (del 23 de julio al 22 de agosto). Usted es agresivo, persistente y dedicado. Tiene pocos pero buenos amigos. Es muy trabajador y entusiasta. Color: anaranjado.

VIRGO: (del 23 de agosto al 22 de septiembre). Usted es modesto y callado. Es serio, práctico y competente. Tiene mucha energía y es buen trabajador. Es muy selectivo en sus relaciones. Colores: café oscuro y verde.

LIBRA: (del 23 de septiembre al 22 de octubre). Usted es sensible, artístico y un poco tímido. Tiene muchos amigos. Es muy jovial y amistoso. Color: azul.

ESCORPIÓN: (del 23 de octubre al 22 de noviembre). Usted es reservado, intuitivo y un poco tímido. Es sensual y romántico. Es también organizado y persistente. Colores: rojo y negro.

SAGITARIO: (del 23 de noviembre al 21 de diciembre). Usted es entusiasta y optimista. Es sociable, honrado y también sincero. A veces es impulsivo y apasionado. Colores: azul oscuro y violeta o morado.

CAPRICORNIO: (del 22 de diciembre al 20 de enero). Usted es una persona profunda, determinada y organizada. Usted es un soñador. Tiene sentido de humor y una personalidad muy atractiva. Color: verde claro.

ACUARIO: (del 21 de enero al 18 de febrero). Usted es una persona elegante, creativa y sofisticada. Es un poco idealista y muy independiente. Puede ser irresistible al sexo opuesto. Colores: rosado y blanco.

WORKSHEET TO ACCOMPANY "EL HORÓSCOPO"

1. Look at the title of the sheet. What do you think the word **horóscopo** means?

2. Look at the 12 entries. After each astrological sign, you see the corresponding dates in parentheses. Write out the Spanish names for the months here, saying them aloud as you write them.

JANUARY _____	JULY _____
FEBRUARY _____	AUGUST _____
MARCH _____	SEPTEMBER _____
APRIL _____	OCTOBER _____
MAY _____	NOVEMBER _____
JUNE _____	DECEMBER _____

3. The word **cumpleaños** means *birthday*. Answer the following questions, using the correct form of expressing dates in Spanish.

   Modelo: Mi cumpleaños es el 6 de febrero.

   ¿Cuándo es tu cumpleaños? _____

   ¿Cuándo es el cumpleaños de tu mejor amigo? _____

4. What do you think **¿Cuál es tu signo?** means?

5. Now look at the entry for your own **signo astrológico**. Which is it? Read through the entry. List words/expressions you know here:

6. What words in your entry are unfamiliar? What do you think they mean?

7. Is the description of your <u>signo astrológico</u> accurate for you? Which parts were close to the mark?

8. Think of a person you know well with a different sign. Read that person's description, then follow steps 5, 6 and 7 again. Is the description true for that person?

BINGO FAMILIAR

una abuela viuda (*widowed*) ___	un perro y un gato ___	4 abuelos vivos (*living*) ___	una sobrina muy joven ___	un padre guapo ___
un pariente divorciado ___	2 hermanos mayores ___	más de 8 primos ___	un tío soltero ___	un pariente de otro país ___
un/una hermano/a menor ___	gemelos/as (*twins*) en la familia ___	un/una primo/a que vive en California ___	un/una sobrino/a travieso/a (*bratty*) ___	una tía gorda y simpática ___
una madre que trabaja ___	una familia rica ___	una pariente embarazada ___	una familia loca ___	un esposo/ una esposa ___
un/una hermano/a que busca esposo/a ___	un/una primo/a antipático/a ___	un/una hermano/a casado/a ___	un hermano que no cocina muy bien ___	muchas reuniones familiares ___

COMMUNICATIVE GOALS PRACTICE #1

Try to talk about the party scene below for about 45 seconds. "Show off" all you have learned up to this point in the semester. Check the **Communicative Goals** boxes at the beginning of each chapter of your Supplement to see all that you should be able to do. You may use your imagination to add more details, but do not try to go beyond what we have been covering in class. For this first oral proficiency practice, the following 8 categories are suggested:

1. time
2. appearance
3. personality
4. age and nationality
5. telephone numbers
6. likes/dislikes
7. family relationships
8. actions taking place

After you've finished your description, imagine you are talking to the characters in the drawing. Ask at least two questions to one or more characters.

CAPÍTULO
3

Communicative Goals for Chapter 3
By the end of the chapter you should be able to:

- discuss clothing and shopping ❑
- ask for and give prices ❑
- point out people and things ❑
- discuss preferences and wishes ❑
- talk about the future ❑

Grammatical Structures
You should know:

- demonstrative adjectives ❑
- stem-changing verbs ❑
- **tener** idioms ❑
- **ir** + **a** + infinitive ❑
- the contraction **al** ❑

PRONUNCIATION PRACTICE

A. Pronounce the following groups of words after your instructor. Try to visualize each item and the color too, as you say each group of words:

los zapatos azules   la lana de Londres   la bolsa bonita   el almacén allá

la cartera de cuero   la revista rosada   la puerta parda   las rayas rojas

B. Stress and Written Accents: Listen as your instructor pronounces each of the following words. Underline the stressed syllable. Then take turns with a partner and pronounce the words in the list.

1. tra-ba-ja-dor

2. nues-tro

3. so-bri-no

4. dic-cio-na-rio

5. cal-cu-la-do-ra

6. a-le-mán

7. so-cio-lo-gí-a

8. plás-ti-co

9. a-crí-li-co

10. dó-la-res

11. pe-se-tas

12. se-te-cien-tos

13. a-na-ran-ja-do

14. u-ni-ver-si-dad

15. pá-ja-ro

16. ro-mán-ti-ca

LISTENING COMPREHENSION

A. El inventorio del Almacén Matilde. Your instructor will read the list of clothing items, the number of each item left in the store at the end of the year, and the price in Mexican pesos of each unit. Write the articles, the number and price in the chart below.

Artículos	Número (cantidad)	Precio c/u

B. Gran rebajas en Zara. You will hear prices for various clothing items on sale at ZARA in Santiago, Chile. Write the prices in pesos as your instructor reads them.

LISTENING COMPREHENSION

Listen as your instructor reads a paragraph describing the schedules of four students. As you listen, fill in the chart below with information about each person's schedule. After you complete the chart, use the information you've written to answer the question below.

	María	Juan	José	Sara
8-9 a.m.				
9-10 a.m.				
10-11 a.m.				
11-12 a.m.				
12-1 p.m.				
1-2 p.m.				
2-3 p.m.				
3-4 p.m.				
4-5 p.m.				
5-6 p.m.				

¿Cuándo pueden reunirse (*get together*) los cuatro estudiantes por dos horas para estudiar para su examen de español? _____

PRÁCTICA: Demonstrative Adjectives

A. Paula and her friend, Regina, are trying to make some decisions about what clothing to buy for their big party. Fill in the dialogue with the appropriate demonstrative adjective.

Paula: ¿Te gustan _____ vestidos o prefieres _____ vestidos
                                    these   *those*

                     largos allá?

Regina: La verdad es que no me gustan los vestidos en _____ tienda.
                                                          this

                     Prefiero los vestidos de _____ tienda de ropa elegante en el centro.
                                            that

Paula: De acuerdo, pero quieres comprar _____ chaqueta rosada, ¿verdad?
                                                              that

Regina: Claro, y también _____ cinturón es bonito y no muy caro. Vamos
                                            this

                     a comprar _____ dos cosas aquí y podemos comprar los vestidos
                                      these

                     en la otra tienda.

Paula: _____ es una buena idea.
                That

B. Ana and Yoli are looking at a family photo album. Complete their conversation with the correct demonstrative adjective.

Ana: Yoli, ¿qué es _____?
                                this

Yoli: Es un álbum de fotos de mi familia. ¿Lo quieres ver?

Ana: Sí, por supuesto. ¿Quiénes son _____ dos chicos aquí?
                                                these

Yoli: Son mis primos Fede y Manuel. Y _____ dos muchachos allá son
                                             those

                     mis hermanos mayores, Sergio y Daniel.

Ana: ¿Y _____ señora tan elegante?
                        that

Yoli: Es mi tía abuela, Carmencita. Y _____ señora a la derecha es una
                                        that, over there

                     vecina, doña Victoria.

Ana: Y _____ personas aquí son tus padres, ¿verdad?
                          these

Yoli: No, son mi tío Guillermo y mi tía Lupe.

PRÁCTICA: Planes y preferencias

Explain what the following people are going to do, have to do and feel like doing this weekend. Combine the subjects with the activities listed below.

yo
mi mejor amigo/
el profesor/la profesora
los compañeros de clase

+

ver una película
visitar a unos amigos
estudiar para el examen
bailar en una discoteca
trabajar
leer una novela
descansar
hablar por teléfono
aprender los verbos irregulares

¿Qué **van a hacer** estas personas este fin de semana?

1.

2.

3.

4.

5.

¿Qué **tienen que hacer** este fin de semana?

1.

2.

3.

4.

5.

Pero en realidad, ¿qué **tienen ganas de hacer** este fin de semana?

1.

2.

3.

4.

5.

VERB WORKSHEET

I have to read. _____

I want to read. _____

I'm going to read. _____

I can read. _____

I feel like reading. _____

I insist on reading. _____

I prefer to read. _____

We don't have to go. _____

We don't need to go. _____

We're not going to go. _____

We can't go. _____

Marta has to return. _____

Marta wants to return. _____

Marta feels like returning. _____

Marta insists on returning. _____

Marta can return. _____

They prefer to pay. _____

They insist on paying. _____

They need to pay. _____

They are going to pay. _____

They want to pay. _____

They have to pay. _____

PRÁCTICA: Prepositions and contractions

Complete the sentences with the missing prepositions, contractions, and articles.

<u>La familia</u>

1. Humberto es el sobrino _____ _____ señora López.

2. La novia _____ mi hermano es guapa.

3. Mis abuelos son _____ Bolivia.

4. El hermano _____ doctor Sánchez está en Australia ahora.

5. La foto es _____ hermano de Ana.

6. Vamos _____ _____ casa _____ _____ primos

   _____ Ana el sábado.

7. Elena recibe mucho dinero _____ sus abuelos.

8. Mi padre va _____ laboratorio _____ _____ ocho de la mañana.

9. El color _____ coche _____ mi padre es rojo.

<u>De compras</u>

1. Vamos _____ almacén _____ _____ Hermanos Ramos.

2. La chaqueta _____ algodón es muy bonita.

3. La ropa _____ profesor Jaenes es muy cara.

4. Mis hijas van _____ supermercado para comprar café.

5. Llegan _____ _____ tienda _____ _____ dos de la tarde.

6. El impermeable _____ niño es _____ plástico.

7. El nombre _____ almacén donde compramos nuestra ropa es Galerías.

ENSALADA GRAMATICAL: Este fin de semana

Me gusta asistir a (1. este/esta) _____ universidad, porque es muy (2. gran/grande) _____ y siempre hay mucho que hacer (3. las/los) _____ fines de semana. Este fin de semana, por ejemplo, (4. está/hay) _____ un partido de fútbol norteamericano entre (5. mi/su) _____ universidad y (6. nuestro/nuestros) _____ rivales. Muchos estudiantes de la otra universidad (7. venir/llevar) _____ a ver el partido, y muchísimos estudiantes de nuestra universidad (8. asistir/ser) _____ también. El partido (9. es/está) _____ el sábado (10. en/a) _____ las cuatro de la tarde. Todo (11. el/la) _____ día antes (12. de/del) _____ partido, hay muchas fiestas.

Pero, ¡qué lástima! La clase de español (13. tener que/tener ganas de) _____ tomar (14. un/el) _____ examen el viernes antes del partido. Los estudiantes (15. desear/necesitar) _____ tomar la prueba (16. el/la) _____ jueves, pero los profesores dicen que eso es imposible. Ahora los estudiantes no están muy (17. contentos/as) _____, y (18. creer/comer) _____ que los profesores son antipáticos. Es (19. un/una) _____ problema, pero la clase simplemente no (20. poder/tener) _____ tomar la prueba antes. Por eso, todos los estudiantes (21. ir/desear) _____ a salir inmediatamente después de clase. Tienen mucha (22. razón/prisa) _____ y (23. querer/ir) _____ terminar de tomar la prueba pronto.

¿(24. Cuándo/Qué) _____ otros eventos hay este fin de semana? Bueno, mis compañeros de cuarto, Ramón y Esteban, (25. venir/desear) _____ ir al cine (26. este/esta) _____ noche. A Ramón le (27. gusta/gustan) _____ las películas de ciencia-ficción, pero Esteban (28. preferir/querer) _____ las películas extranjeras. Y el sábado (29. por/a) _____ la noche, mi amiga Leticia quiere ir a un concierto de música (30. latinoamericano/a) _____. Mis (31. hijos/primos) _____ Juanjo y Rebeca tienen (32. ganas/sueño) _____ de ir (33. al/a la) _____ museo de la universidad el domingo por la mañana. Yo (34. ir/querer) _____ a ir con ellos, y después, por (35. el/la) _____ tarde, voy al centro comercial. Ahora hay unas (36. tiendas/rebajas) _____ fabulosas en mi almacén (37. favorito/a) _____. Quiero (38. comprar/regatear) _____ un jersey (39. de/a) _____ algodón, (40. unos/as) _____ pantalones (41. cortos/as) _____, unas camisetas y tal vez (42. un/una) _____ traje de baño. Después, por la noche yo (43. necesitar/tener) _____ (44. a/que) _____ estudiar para mis exámenes (45. el/la) _____ lunes.

REPASO: CAPÍTULO 3

I. Vocabulario

A. 1. ¿Qué ropa llevamos en julio? ¿en diciembre? ¿en abril?

2. ¿Qué ropa generalmente llevas a clase?

B. ¡Qué desastre! You picked up someone else's suitcase at the airport. For the lost baggage form, describe some of the unique items in the suitcase you picked up, then describe the unique items in your own suitcase. Be careful with agreement.

Someone else's suitcase	Your suitcase
an old suit_____	an orange shirt _____
a grey bathing suit _____	some new sandals _____
a red raincoat_____	yellow shorts _____
purple socks_____	a blue and red scarf_____

En la otra maleta (*suitcase*), hay:

_____

_____

Pero en <u>mi</u> maleta hay:

_____

_____

II. Gramática

A. <u>Demostrativos</u>. Complete the following sentences with the correct demonstrative adjective.

1. Quiero ir a (*this*) _____ tienda, no a (*that, over there*) _____ mercado.
2. ¿Es para mí? ¡(*That*) _____ es una sorpresa!
3. (*That*) _____ niño es su hijo.
4. (*This*) _____ semana voy a estudiar más.
5. (*Those*) _____ señoras vienen a hablar con mi mamá.
6. ¿Qué quieres hacer (*this*) _____ tarde? ¿Sólo comer? ¿(*That*) _____ es todo?
7. --¿Qué es (*that*) _____? --¿(*This*) _____? Es un sombrero.

B. Los verbos nuevos. Complete with the correct form of the most logical verb.

Estudiantes irresponsables. (Verbos posibles: **tener, venir, querer, poder**)

1. ¿Por qué _____ Uds. a clase sin los libros de texto?

2. Si Uds. _____ aprender, _____ que llegar a clase con los libros.

3. Nosotros no _____ estudiar los verbos nuevos hoy porque Uds. no _____ los libros.

De compras. (Verbos posibles: **preferir, tener, querer, poder**)

Dependienta: ¿Qué camiseta 4. _____, la roja o la verde?

Lupita: (Yo) 5. _____ la roja, pero . 6. _____ que comprar la verde porque mi madre

7. _____ el color verde.

Dependienta: 8. _____ comprar la roja para Ud. y la verde para su madre.

C. Expresiones con tener. Summarize the situations using an expression with tener.

1. Son las tres de la mañana, y estamos en la biblioteca estudiando para un examen.

2. Marco dice que la capital del estado de California es Los Ángeles.

3. Trabajo en el laboratorio de computadoras a las 3:00. Ya son las 3:05.

4. Estoy solo en casa, mirando una película de horror en la televisión.

D. Ir + a + infinitive. Answer the questions in a complete sentence.

1. ¿Cuándo vas a regresar a casa hoy?

2. ¿Cuándo vas a estudiar para el examen de español?

3. ¿Qué van a hacer tú y tus amigos este fin de semana?

4. ¿Qué vas a hacer esta noche?

E. <u>Preguntas personales</u>. Contesta las preguntas con una frase completa.

Tú:

1. ¿Qué quieres hacer mañana?

2. ¿Qué ropa prefieres llevar a las fiestas?

3. ¿Con quién hablas cuando tienes miedo?

4. ¿Con qué frecuencia vienes a la clase de español?

Tú y tus amigos:

5. ¿Prefieren Uds. las clases por la mañana o por la tarde?

6. ¿Cuántos libros tienen que comprar para la clase de español?

7. ¿Dónde prefieren estudiar Uds., en casa o en la biblioteca?

8. ¿Por qué quieren aprender español?

F. <u>Preguntas y respuestas</u>. Form 8 questions about the lives of the rich and famous by combining the question words from Column A with the verbs in Column B. Then answer your own questions, based on what you think these celebrities are doing.

MODELO: ¿Qué tiene que hacer Tiger Woods mañana?
Tiene que practicar el golf por cuatro horas.

¿Qué?	ir + a + *infinitive*	Arnold Schwarzenegger
¿Cómo?	necesitar	Oprah Winfrey
¿Cuándo?	tener que + *infinitive*	Matt Damon
¿Adónde?	preferir	Madonna
¿Cuánto/a/os/as?	querer	Tiger Woods
¿A qué hora?	poder	Jennifer López
¿Por qué?	insistir en + *infinitive*	Brad Pitt
¿Quién?	deber	Hillary Clinton

ENTREVISTA: ¿Qué ropa tienes?

How well do you know your classmates? Can you predict the content of their closets? Find classmates who have the items below by asking questions, following the model. If your classmate answers **sí**, have him/her sign the correct blank. If s/he answers **no**, keep asking until you find someone who answers affirmatively.

MODELO: Find someone who has a red hat.

You ask a classmate: ¿Tienes un sombrero rojo?

Your classmate answers: ¡Sí!

You say: Firma aquí, por favor.

Find someone who has:

. . . some orange socks   _____

. . . a cheap watch   _____

. . . a silk dress   _____

. . . an old raincoat   _____

. . . a pair of red shoes   _____

. . . underwear from Victoria's Secret   _____

. . . some expensive boots   _____

. . . a Boston Red Sox t-shirt   _____

. . . a leather miniskirt (**de cuero**)   _____

. . . some Mexican sandals   _____

ENTREVISTA: Los planes de la clase de español

Take a stroll around the room and ask your classmates about their plans for the future, and in turn answer their questions about your plans. Use the <u>ir + a + infinitive</u> structure to form your questions and replies, and <u>write down</u> the responses you get on this sheet. Ask a different question of each classmate

MODELO:

    You: Pete, ¿qué vas a hacer después de clase?

    Pete: Voy a regresar a la residencia y voy a tomar una siesta.

(You write):   Pete va a regresar a la residencia y va a tomar una siesta

¿Qué vas a hacer . . .

después de clase?

_____

esta noche?

_____

mañana antes de la clase de español?

_____

este fin de semana?

_____

para las vacaciones de primavera?

_____

antes de tus exámenes finales?

_____

después de tus exámenes finales?

_____

después de graduarte (*after graduating*)?

_____

Information Gap Activity: El regalo perfecto

You and your partner need gifts for the family members below, but first you need to find out more about these relatives. Ask your partner questions and fill in the missing pieces of information on your chart, and answer your partner's questions using the information in your chart. Then discuss gift ideas together and write your suggestions below.

Preguntas útiles:

¿Cuántos años tiene _____?

¿Cuál es el color favorito de _____?

¿Qué tipo de ropa prefiere llevar?

¿Qué le gusta hacer?

Compañero/a #1

Persona	Tiene ____ años	Su color favorito es...	Prefiere llevar...	Le gusta...	Un buen regalo es...
el tío Javier		el rojo		jugar al golf y tenis	
la abuela	67		moda de Gucci y Chanel		
el primo Carlos		el negro		ir a clubes, escuchar música	
Mamá	46		ropa informal		

Compañero/a #2

Persona	Tiene ____ años	Su color favorito es...	Prefiere llevar...	Le gusta...	Un buen regalo es...
el tío Javier	34		ropa deportiva		
la abuela		el rosado		asistir a conciertos, ir a museos	
el primo Carlos	21		ropa de los años 60 y 70		
Mamá		el verde		trabajar en el jardín, tocar el piano	

GUIDED WRITING AND SPEAKING: Una residencia

A. First, using the picture and your imagination, answer the following questions in complete Spanish sentences. Pay careful attention to the way the questions are phrased in order to use the correct structures in your answers.

1. What time does Pepe eat lunch in the dorm?
2. Why does he want to live in an apartment?
3. How old is Pepe?
4. What do Pepe and Joe do on the weekends? (**los fines de semana**)
5. What is Pepe's roommate like?
6. When and where does Pepe usually study?
7. What classes is he taking this semester?
8. How often does Pepe write to his mother?
9. How much does Pepe pay for the dorm?
10. Do you like where you live this semester?

B. Next, imagine you are one of the characters in the drawing. Write a 100-word letter home about your classes, roommate, dorm and new friends.

C. Now, with a partner, role-play a dialogue between any two characters in the drawing.

Key Language Functions: Description

One of the major goals of this course is to help you learn enough vocabulary and grammar to be able to describe yourself and other people accurately. In order to do this well, you need vocabulary to describe physical characteristics and personality traits, and you need to know how to conjugate the verb **ser.** You also need to be very aware of noun-adjective agreement **(la mujer rubia, mis primos locos).**

DESCRIBIR
D   To construct a description →   Vocabulary →   Linguistic Tools Needed:
   • correct conjugation of **ser**
   • noun-adjective agreement

Take turns with a partner describing the following people. Include what the person looks like and something about his/her personality. Try to give three sentences for each person. Don't forget your vocabulary from previous chapters and the linguistic tools shown above.

1. A famous person

2. Your roommate

3. Your instructor

4. Your craziest relative

5. The oldest person you know

6. A child in your family

7. Yourself

8. One of your classmates

Speaking Activities

CAPÍTULO
4

Communicative Goals for Chapter 4
By the end of the chapter you should be able to:

- discuss weekly and daily routines ❏
- describe where you live ❏

Grammatical Structures
You should know:

- more stem-changing verbs ❏
- reflexive pronouns ❏

PRONUNCIACIÓN

A. Listen as your instructor reads these sentences, then practice them with a partner.

1. Esta semana salgo con Víctor Vásquez el viernes, César Serrat el sábado y Diana Dolores del Duero el domingo.

2. Las sicólogas suecas, Sara y Susana, venden sillones, sofás y sillas super-sofisticadas.

3. Conchita Correa quiere comprar una casa en Cáceres con comedor cómodo y cama de agua.

4. Pablo y Pilar piensan poner unos pocos preciosos platos portugueses en las paredes y unas plantas pequeñas en el patio.

B. These Spanish proverbs all practice the **b** and **v** sounds. Listen as your instructor reads them, then repeat. Match the Spanish proverb with its English equivalent.

____ 1. No hay mal que por bien no venga.

____ 2. El bien no es conocido hasta que es perdido.

____ 3. A la bestia cargada, el sobornal la mata.

____ 4. Las verdades suelen decirlas los niños y los tontos.

____ 5. Haz el bien sin ver a quien.

a. You don't know what you have until it's gone.

b. Every cloud has a silver lining

c. Out of the mouths of babes.

d. Do good without asking who the recipient will be.

e. One straw can break the camel's back.

LISTENING COMPREHENSION: Una casa nueva

You will hear a friend describing her plans for furnishing her new house. On the left, list what she and her housemate already have for the house; on the right, list what they still need. You will hear the passage twice.

Ellas tienen:	Ellas necesitan:
1.	1.
2.	2.
3.	3.

LISTENING COMPREHENSION: La rutina de Chela

Listen as your instructor reads a passage describing Chela's weekday and weekend routines. The first time you listen, fill in the chart below with the times Chela does the activities during the week and on Sundays. The second time, listen for the answers to the true-false statements.

	los días de entresemana	los domingos
Se acuesta a las...		
Se despierta a las...		
Se levanta a las...		
Se ducha y se viste a las...		
Se viste a las...		
Se sienta para comer o tomar algo a las...		

¿Cierto o falso? Corrige las oraciones falsas.

1. Chela tiene la misma rutina todos los días.
2. Se acuesta más temprano el domingo que durante la semana.
3. Insiste en comer algo por la mañana todos los días.
4. Por lo general, tiene prisa por la mañana durante la semana.
5. Trabaja a las 9:15 en la universidad.
6. Chela prefiere levantarse inmediatamente después de despertarse.

LOS VERBOS NUEVOS: Irregular and Stem-Changing

irreg. → yo	e → ie	o (u) → ue	e → i
hacer poner salir	cerrar empezar pensar perder preferir	almorzar dormir jugar volver	pedir servir

1. Marta y José _____ al tenis todos los días. Después,

   _____ en el Café Continental, _____ a su apartamento y

   _____ una siesta corta.

2. En ese restaurante _____ comida italiana muy buena. (Yo) siempre

   _____ ir allí cuando _____ con mis amigos. (Nosotros)

   _____ una pizza grande casi siempre.

3. (Yo) _____ a Boston mañana, donde _____ un trabajo

   nuevo. (Yo) _____ que mi nuevo trabajo va a ser interesante.

4. No me gusta _____ al baloncesto con mi amiga Luisa, porque cuando

   ella _____ está furiosa, y _____ a su casa en seguida. (Yo)

   _____ jugar con Rafael y Gabriela.

5. ¡Mi compañero de clase es un desastre! Siempre me _____ cosas:

   dinero, comida, mi camisa favorita... ¡Y después, (él) _____ todas mis

   cosas! (Él) _____ todo el día, no _____ la puerta del baño

   nunca, y _____ a casa muy tarde todas las noches. _____

   que voy a buscar otro compañero el próximo semestre.

6. Quiero estar en buena forma (*good shape*). Por eso, (yo) _____ ocho

   horas de noche, _____ siempre una ensalada, _____

   deportes y _____ ejercicios.

PRÁCTICA DE VERBOS

<u>En la universidad</u>

1. ¿(Entender/Pensar - tú) _____ todas las palabras nuevas?

2. En clase mañana, (tener/ir - nosotros) _____ que tomar un examen.

3. Si tú (tener/traer) _____ un examen, entonces debes (ver/leer)

   _____ tu libro de texto.

4. La profesora (vender/venir) _____ a clase tarde a veces.

<u>En la residencia</u>

5. (Salir/Servir - ellos) _____ tacos, hamburguesas y pizza en la cafetería.

6. Patricio no (poner/poder) _____ descansar ahora, porque su compañero de

   cuarto quiere (oír/ver) _____ el partido de béisbol en la tele.

7. Yolanda (volver/vivir) _____ tarde a la residencia porque hoy

   (entender/empezar) _____ su nuevo trabajo en la librería.

8. Yo no (deber/dormir) _____ bien en la residencia, porque mis compañeros

   de cuarto (tener/hacer) _____ mucho ruido (*noise*).

<u>En el centro</u>

9. Yo (almorzar/beber) _____ en el centro todos los días.

10. En ese almacén, Uds. pueden (comprar/regatear) _____ de todo.

11. Cuando yo (ser/salir) _____ con mis amigos, nosotros (ver/ir)

    _____ al Café "La Mallorquina" para tomar café y hablar.

12. ¿Qué (hacer/ir) _____ tú esta tarde? ¿(Venir/Querer)

    _____ ir de compras conmigo?

<u>La familia</u>

13. Mis tíos siempre nos (traer/venir) _____ regalos cómicos para nuestros

    cumpleaños.

14. Este fin de semana, nosotros (pedir/pensar) _____ visitar a los tíos.

15. En casa de mis tíos, yo (ver/jugar) _____ con mis primitos y Ana

    (ser/salir) _____ con la tía Isa.

16. Después de (ver/oír) _____ a los tíos, Ana y yo (pensar/pedir)

    _____ ir a la casa de nuestros amigos también.

ENSALADA GRAMATICAL I: STEM-CHANGING VERBS

Complete the following passages.

1. Mis amigas Sara y Anita _____ (almorzar) en casa, pero yo (preferir) _____ almorzar en un café. Hay un café en mi calle donde (servir-ellos) _____ comida italiana muy (bueno/a) _____. Siempre (pedir-yo) _____ el mismo plato: lasagna. Después de almorzar, (volver-yo) _____ a (el/la) _____ universidad y (empezar) _____ a estudiar.

2. (Dormir-yo) _____ ocho horas de noche, pero mi amigo José (dormir) _____ sólo 5 o 6. (Muchos/as) _____ veces, él (estar) _____ cansado porque (trabajar) _____ en un almacén 25 horas (de/a) _____ la semana. (Creer-yo) _____ que José (deber) _____ descansar más. Pero (ir-él) _____ a la biblioteca todas las noches y no (volver) _____ a la residencia hasta (los/las) _____ 12, cuando la biblioteca se (cerrar) _____. José (pensar) _____ ser profesor de español en el futuro; por eso, (tener) _____ que trabajar mucho ahora.

3. (Este/Esta) _____ fin de semana no (querer-yo) _____ estudiar. (Pensar-yo) _____ salir con unos amigos. Nosotros (ir) _____ a ir al cine o tal vez a un partido de béisbol. (Mi/Mis) _____ amigos y yo (pensar) _____ que el béisbol es un deporte muy (divertido/a) _____, aunque nuestro equipo (team) favorito (perder) _____ mucho. A veces, después (de/del) _____ partido, nosotros (jugar) _____ en el parque. Yo no (jugar) _____ muy bien, pero mi amiga Beatriz (ser) _____ excelente.

ENSALADA GRAMATICAL II:
UN LUNES DIFÍCIL PARA PEPE

Complete the following passage conjugating the verbs in parentheses. Remember that in Spanish the subject is not always directly stated, so read carefully. Answer the questions at the end of the passage.

No me (1. gustar) _____ los lunes porque siempre (2. tener - yo) _____ muchos problemas ese día. Por ejemplo, (3. tener) _____ clase a las ocho de la mañana. Es la clase de español. Normalmente no está mal la clase pero hoy (4. ser) _____ una excepción. (5. Estar -yo) _____ cansadísimo y no (6. poder) _____ escuchar a la profesora. ¡Casi me (7. dormir) _____ en clase! Además, (8. tener - yo) _____ hambre y mi estómago (9. hacer) _____ mucho ruido (*noise*). En clase nosotros (10. practicar) _____ la gramática un poco; también (11. hacer) _____ unos diálogos. Unos estudiantes no (12. entender) _____ los verbos irregulares porque estos verbos (13. ser) _____ muy difíciles. Esta noche (14. ir - yo) _____ a estudiar con una amiga de mi clase, pero ahora (15. preferir) _____ ir a la cafetería para tomar un café colombiano.

Preguntas

1. ¿Qué problemas tiene Pepe esta mañana?

2. ¿Qué hacen en clase hoy?

3. ¿Qué no entienden unos estudiantes? ¿Por qué?

4. ¿Qué va a hacer Pepe esta noche?

5. ¿Qué prefiere hacer ahora?

6. ¿Por qué necesita un café colombiano?

PRÁCTICA: Reflexive Actions

A. Complete the passage below with the correct reflexive verb according to the subject and the English cues in parentheses.

Tengo una familia muy grande. Todos los días, mis hermanos y yo (1. *get dressed*)

_____ antes de salir para la escuela. Los hermanos pequeños (2.

bathe) _____ por la noche, pero yo (3. *shower*)

_____ y (4. *wash*) _____ el pelo por la mañana.

Mi hermana Cristina está cansada porque no (5. *goes to bed*) _____

hasta muy tarde. Mi hermano Joaquín trabaja en un banco. Es muy elegante y todos

los días (6. *he puts on*) _____ una corbata de seda. Papá (7. *shaves*)

_____ todos los días justo en el momento en que Mamá necesita (8.

comb her hair) _____, y los dos tienen que compartir el espejo.

Nosotros siempre (9. *enjoy ourselves*) _____ mucho con seis

personas, dos perros y un gato en la familia.

B. Complete the passage below about Sofía's day with the correct reflexive verb according to the context.

¡BZZZZZZZZ! Yo (1. acostarse/despertarse) _____ a las 7:30

de la mañana, pero no (2. levantarse/sentarse) _____ hasta las 8:00.

Tomo un café y luego voy al baño para (3. ponerse la ropa/ducharse)

_____. Después de planchar una blusa muy rápido, (4.

vestirse/afeitarse) _____. Desayuno y miro el programa "¡Buenos

días!" en la tele. Después, (5. ponerse/comprarse) _____ los

zapatos y un suéter porque hace fresco y salgo para la universidad.

Cuando regreso a casa por la tarde, estoy cansada. (6. Peinarse/Acostarse)

_____ en el sofá para mirar el noticiero de las 5:00. Empiezo a

estudiar a las 7:30, y estudio hasta las 10:30. Después, (7. lavarse/quitarse)

_____ la ropa, (8. ponerse/vestirse) _____ el

pijama, (9. cepillarse/peinarse) _____ los dientes y (10.

lavarse/afeitarse) _____ la cara. Por fin, (11. acostarse/dormirse)

_____ a las once, y después de leer un rato, (12.

dormirse/despertarse) _____. ¡Hasta mañana!

REFLEXIVE ACTIONS: Description

Use reflexive verbs to describe Marisol and Carlos' morning routine. Write ten sentences about what you see in the picture.

Verbos útiles:

despertarse
levantarse
peinarse
bañarse
afeitarse
ponerse
vestirse
quitarse

REPASO: CAPÍTULO 4

I. Vocabulario

A. Correspondencias. Match the word on the left with an associated action or actions on the right.

la cama	afeitarse
el baño	levantarse
la alcoba	ducharse
la sala	almorzar
la cocina	hacer la tarea
el comedor	poner/quitar la mesa
el escritorio	vestirse
la cómoda	acostarse
	peinarse

B. La rutina de Diego. Using the pictures as a guide, write a short paragraph describing a typical morning for Diego. Use a separate sheet of paper.

C. La rutina diaria. Now use six reflexive verbs to describe your daily routine. Use a separate sheet of paper.

D. Los días de la semana. What do you do or like to do on different days of the week? Complete the sentences.

1. Los lunes, generalmente...

2. Los miércoles, prefiero...

3. Los jueves, voy a...

4. Los viernes, salgo con...

5. Los sábados, no me gusta...

6. Los domingos, me gusta...

II. Gramática

A. Verbos nuevos. Complete the sentences with the correct form of one of the verbs according to the context. In each section, each verb will only be used once.

En casa los domingos: **despertarse / almorzar / salir / afeitarse / jugar / sentarse / dormir / volver / ponerse / ducharse**

1. Papá _____ en el sofá y Javier _____ en el baño.
2. Mamá _____ un poco tarde, a las nueve, y después _____ con la tía Mercedes.
3. (Yo) _____ en el sillón grande para leer el periódico.
4. Mi hermano Daniel _____ al fútbol en el parque y después _____ a casa, _____ y _____ su mejor ropa para visitar a su novia.
5. Todos _____ juntos a las dos en la cocina. ¡Tenemos hambre!

En la residencia: **hacer / salir / bañarse / servir / acostarse / ducharse / dormir / volver / afeitarse / perder**

1. En la cafetería, (ellos) _____ comida buena y barata.
2. Mi compañero, Martín, tiene una vida complicada: _____ con tres chicas a la vez, siempre _____ a la residencia muy tarde, y con frecuencia _____ su tarea.
3. Todos usamos un baño común. Allí (nosotros) _____, _____, _____, etcétera.
4. No _____ muy bien de noche porque los muchachos en el otro cuarto _____ mucho ruido y _____ a las tres de la mañana.

III. Diálogos Write a short dialogue based on one of the following situations.

A. You are trying to make plans with a friend. Write a conversation in which together you discuss and decide:
- what day you will meet (**encontrarse**) and when;
- what you will do (have lunch, play tennis, etc.);
- where you will go afterward.

B. You and your roommate are getting your apartment organized. Write a conversation in which together you discuss and decide:
- what you already have for your new place;
- what you need to get;
- where you will put it.

ENTREVISTAS: En una fiesta

Pretend you are at a party. Use these questions to get to know the other guests.

Una presentación:
—Hola, ¿qué tal? Eres ___, ¿verdad?
—Soy ___, mucho gusto.
—Encantado/Encantada (Igualmente).

En la universidad
¿De dónde eres?

¿Dónde vives este semestre?

¿Te gusta tu residencia/tu casa?

¿Te gusta la universidad? ¿Por qué?

¿Cuál es tu especialización?

¿Qué quieres hacer en el futuro?

La familia
¿Tienes una familia grande?

¿Cómo son tus padres?

¿Dónde viven ellos?

¿Tienes hermanos? ¿Cuántos años tienen?

¿Qué hacen tus hermanos?

¿Cuántos años tienes tú?

¿Qué te gusta hacer con tu familia?

¿Cuándo viene tu familia de visita?

La comida
¿Tienes un restaurante favorito? ¿Cuál?

¿Cómo es? ¿Qué sirven?

¿Dónde comes normalmente?

¿Comes con tu familia frecuentemente?

¿Qué te gusta comer cuando vuelves a casa?

El tiempo libre
¿Qué te gusta hacer en tu tiempo libre?

¿Qué haces los viernes por la noche?

¿Miras televisión mucho?

¿Qué programas te gustan?

¿Te gusta bailar?

¿Adónde te gusta ir los fines de semana?

Una despedida:
—Con permiso, tengo que hablar con ___.
—Hasta luego. Ha sido un placer.

Posibles respuestas
Vale. (*Okay.*)

¡Qué va! (*No way!*)

¡No me digas! (*You're kidding!*)

¡Qué casualidad! (*What a coincidence!*)

Claro. (*Of course.*)

¿De verdad? (*Really?*)

¡Qué interesante! (*How interesting!*)

¡Qué bien! (*How nice!*)

GUIDED WRITING AND SPEAKING: En casa

A. Using the picture and your imagination, answer the following questions in complete Spanish sentences. Pay careful attention to the way the questions are phrased in order to use the correct structures in your answers.

1. What day of the week is it? How do you know?
2. With whom is Rosalía talking?
3. Who is Isabel and what is she doing with her grandaughter?
4. What is Carlitos doing?
5. What does doña Lupe want to do this afternoon?
6. What time does Sergio usually wake up from his nap?

B. Next, imagine you're an exchange student living with this family. Write a 100–word letter home about how you spend a typical Sunday with them.

C. With a partner, role-play a dialogue between any two characters in the drawing.

Round Robin: Grammar Monitor Activity

In this activity you will work in groups of three. Each partner will alternate roles until all three of you have (1) described the routine of one of the characters; (2) asked questions to get more information; and (3) served as the grammar monitor.

Matilde y Jorge

Rocío y Pepe

Guille y Sara

Partner A: Describe one of the characters. Include personality characteristics and how he/she is feeling today. Then use your imagination to describe a typical day for this person.

Partner B: Listen carefully as Partner A describes one of the characters and his/her routine. Then ask two questions to get more information about him/her.

Partner C: As the grammar monitor, your job is to listen for agreement errors that Partners A and B may make. Write down any errors you may hear. Also listen for the proper use of the reflexive verbs. Example: *Rocío es alta y delgado. Levanta a las seis.* Note that *delgado* should be *delgada* and that the verb should be *se levanta.* When Partners A and B are finished, give them feedback on whether or not they are doing well on noun/adjective agreement and reflexive verbs.

Now switch roles. Partner A takes the role of Partner B (the person asking questions), Partner B takes the role of Partner C (the grammar monitor), and Partner C takes the role of Partner A (the describer).

BINGO: Mi casa y mi rutina

_____ se levanta a las siete.	_____ tiene una cama de agua.	_____ sale todos los viernes.	_____ hace su tarea en la cama.	_____ se afeita antes de la clase de español.
_____ no tiene televisor.	_____ tiene una alfombra en su alcoba.	_____ va a salir de casa este fin de semana.	La alcoba de _____ es un desastre.	_____ duerme en clase a veces.
_____ canta mientras se ducha.	_____ almuerza en McDonald's mucho.	_____ juega al tenis muy bien.	_____ vuelve a casa muy tarde los viernes por la noche.	_____ se levanta temprano los sábados.
_____ va a la iglesia los domingos.	_____ tiene una piscina.	_____ estudia en la cocina.	_____ sale con alguien esta noche.	_____ va a ir a una fiesta este sábado.
_____ tiene tres clases los martes.	_____ siempre hace su tarea para la clase de español.	_____ tiene un sofá feo.	_____ tiene muchos exámenes la próxima semana.	_____ hace deportes los fines de semana.

Communicative Goals Practice #2

Try to talk about the Muñoz family for 60 seconds. "Show off" all you have learned up to this point in the semester. Check the **Communicative Goals** boxes at the beginning of each chapter of your Supplement to see all that you should be able to do. For this second oral proficiency practice, the following categories are suggested. Try to use connectors (**porque, pero, y, también, por eso**) to make your description sound more fluent and natural.

1. time	4. description of their house
2. description (age, personality, physical appearance, clothing)	5. actions taking place
	6. future plans
3. family relationships	7. routines of family members

Laura   Ben   Carmen

Lourdes

Nando

After you've finished your description, imagine you are talking to the characters in the drawing. Ask at least two questions to one or more characters.

CAPÍTULO
5

Communicative Goals for Chapter 5

By the end of the chapter you should be able to:

- talk about the weather ❑
- describe what you do seasonally ❑
- point out where things are located ❑
- talk about what you are doing right now ❑
- describe personality traits and conditions ❑
- make simple comparisons ❑

Grammatical Structures

You should know:

- prepositions of place ❑
- present progressive ❑
- **ser** vs. **estar** ❑
- **más/menos...que** ❑
- **tan...como** ❑
- **tanto/a/os/as...como** ❑

PRONUNCIACIÓN: Los sonidos *rr* y *r*

Remember that Spanish has two *r* sounds. The single *r* is pronounced like the double *d* in *ladder*; and. the trilled *r* is written *rr* between vowels (**carro**) and *r* at the beginning of a word (**rosa**). Listen as your instructor pronounces these pairs of words, then repeat.

ahora / ahorra	coro / corro	caro / carro
cero / cerro	pero / perro	coral / corral

Now listen as your instructor reads these sentences, then practice them with a partner.

1. El perro pardo es para Laura Rosario Romano.
2. Los ricos requieren ropa cara y carros rápidos.
3. Ahora es la hora de revisar los horribles errores de Ricardo.
4. Las rosas amarillas son para la prima de Ramiro.
5. Los ratones ruidosos corren rápidamente por los corredores.

Listen as your instructor reads some Spanish proverbs, then repeat. Can you match each proverb to its English equivalent?

____ 1. Al perro viejo, no hay tus tus.

____ 2. Cuando a Roma fueres, haz como vieres.

____ 3. La ropa sucia se debe lavar en casa.

____ 4. Perro ladrador, poco mordedor.

____ 5. Donde más hondo el río, hace menos ruido.

____ 6. Cuando una puerta se cierra, ciento se abren.

a. Still waters run deep.

b. A dog's bark is worse than its bite.

c. When one door shuts, another one opens.

d. You can't teach an old dog new tricks.

e. When in Rome, do as the Romans do.

f. Don't air your dirty laundry in public.

LISTENING COMPREHENSION: El boletín meteorológico

You will hear brief weather reports for five U.S. cities. As you listen, write the name of the city next to the picture that best matches its weather description. Then complete the chart by listening for the high and low temperatures for that city and the weather forecast for the next day. One picture will not be used. You will hear the reports twice.

	Ciudad	Temperaturas máximas y mínimas	Tiempo para mañana

LISTENING COMPREHENSION: Geografía

Listen to the statements your instructor reads and look at the maps below. Mark each statement as "cierto" or "falso" according to the maps.

LA AMÉRICA CENTRAL

SUDAMÉRICA

OCÉANO PACÍFICO

OCÉANO ATLÁNTICO

¿Cierto o falso?

1.
2.
3.
4.
5.
6.
7.
8.
9.
10.

LISTENING COMPREHENSION: ¿Quién es?

Your instructor will describe the people in the following pictures. Listen and fill in the names of the people being described.

PRÁCTICA: Present Progressive

¡Qué noche más divertida! Write a short paragraph about what everyone is doing at the Bar Paladino tonight. Use the present progressive.

_____

_____

_____

_____

_____

Now answer the questions about the scene above.

1. ¿De dónde **es** Carlos?

2. ¿Dónde **están** todos en este momento?

3. ¿Cómo **es** Ana?

4. ¿Cómo **está** el mesero después de trabajar 8 horas?

5. ¿De qué **es** la falda de Ana?

6. ¿Por qué **está** contento Jaime?

7. Tomás piensa que el Bar Paladino **es** aburrido. ¿Por qué no **está** de acuerdo Ana?

8. ¿A qué hora **es** el concierto de Madonna en la tele?

¿SER O ESTAR?

With a partner, read the sentences and decide if you would need to use **ser** or **estar** for each. Explain your reasons.

1. Who <u>is</u> that gorgeous guy?

2. The bride <u>is</u> beautiful.

3. Yes, and the groom <u>looks</u> handsome in his tux.

4. Where <u>is</u> the father of the bride?

5. <u>He's</u> in the bar across the street.

6. <u>He's</u> furious because weddings are expensive.

7. When <u>is</u> the ceremony?

8. <u>It's</u> at 4.

9. <u>It's</u> hard to see the bride from here.

10. Which one <u>is</u> the bride's mother?

11. <u>She's</u> the tall lady up front.

12. She <u>is</u> very emotional!

13. For whom <u>are</u> all those presents?

14. They <u>are</u> for the newlyweds, of course!

15. Where <u>is</u> the groom from?

16. <u>He's</u> from Seattle.

17. <u>I'm</u> so happy I could cry.

¿SER O ESTAR? Párrafo

Select the correct verb and conjugate it correctly.

Hoy 1. _____ martes, y los estudiantes 2. _____ en la sala de clase. 3.
_____ las once y media, más o menos. ¿Qué pasa ahora en la clase de español?
Bueno, en este momento hacemos un ejercicio de gramática. En general, a los
estudiantes no les gusta mucho la gramática; unos 4. _____ aburridos ahora. Otros
5. _____ preocupados porque no comprenden las diferencias entre los dos verbos
ser y **estar**. Unos estudiantes miran a la profesora, y otros piensan en otras cosas: una
siesta, el fin de semana, etcétera.

¿Cómo 6. _____ los estudiantes de nuestra clase? Unos 7. _____
altos, otros 8. _____ rubios y otros 9. _____ de otros países. A veces,
cuando los estudiantes llegan a clase, 10. _____ cansados porque trabajan mucho y
11. _____ preocupados por sus problemas académicos. Hoy, sin embargo, nadie
12. _____ nervioso o de mal humor; la verdad es que todos parecen (*seem*) 13.
_____ relativamente contentos. ¿Todos los estudiantes 14. _____ en clase
hoy o no? ¿Quién no 15. _____ aquí? ¿Qué 16. _____ haciendo las
personas que faltan?

A la profesora le gusta la clase porque los estudiantes 17. _____
inteligentes, trabajadores y simpáticos. ¿Cómo 18. _____ la profesora hoy? Pues,
desgraciadamente no 19. _____ muy bien; 20. _____ cansada. Pero
normalmente ella 21. _____ una persona alegre.

En este momento los estudiantes 22. _____ ocupados con la gramática.
Hablamos de los verbos **ser** y **estar.** A veces 23. _____ difícil entender los usos
de los dos verbos. Pero 24. _____ muy importante saber (*to know*) cuándo se dice
(*one says*) **ser** y cuándo se dice **estar.** Ustedes 25. _____ de acuerdo, ¿verdad?

VERBOS: Ser vs. Estar

Select the correct words or phrases from those given to complete the following sentences.

Ejemplo: Ernesto Pérez es _____. (ocupado / cansado / aquí / profesor)
Ernesto Pérez es <u>profesor</u>.

1. Estoy en el hospital porque soy _____.
(enfermo / doctor / aquí / cerca)

2. Mi amigo está _____ hoy.
(cantante / de España / contento / argentino)

3. Sofía no es _____, pero vive ahora en Colombia.
(nerviosa / en el centro / colombiana / cerca)

4. Después de clase, estás _____.
(inteligente / viejo / cansado / de Alemania)

5. Nuestros perros son muy _____.
(frustrados / perezosos / enfermos / preocupados)

6. Hoy la profesora está _____.
(de Chile / actriz / preocupada / alta)

7. ¿Cómo estás? Estoy _____, gracias.
(de Uruguay / difícil / bien / inteligente)

8. Necesito un libro pero ahora la biblioteca está _____.
(grande / cerrada / alta / vieja)

9. Creo que mis padres están _____ ahora.
(simpáticos / inteligentes / en casa / morenos)

10. Vamos a estudiar más tarde; ahora estamos _____.
(presidentes / trabajadores / cansados / perezosos)

11. La familia de Miguel es _____.
(cerca de la biblioteca / en la oficina / de acuerdo / de Panamá)

12. La mesa es _____.
(de madera / en mi nombre / cerca de la puerta / detrás del profesor)

13. Estos platos están _____.
(de porcelana / de mi madre / sucios / viejos)

14. La playa está muy _____.
(bonita / cerca de aquí / grande / fea)

15. El libro es _____.
(cerrado / caro / encima del escritorio / debajo de la mesa)

PRÁCTICA: Las comparaciones

I. Compare the pairs of items listed, using the adjective and the symbol to guide you.

1. Oprah Winfrey/David Letterman/rico (+)

2. Barry Bonds/Lance Armstrong/talentoso (=)

3. Chris Rock/Jon Stewart/cómico (+)

4. la vida privada de Britney Spears/la vida privada de Lindsay Lohan/escandaloso (=)

5. Las Dixie Chicks/Los Beatles/popular (−)

6. los perros/los gatos/cariñoso (+)

7. Brad Pitt/Sean Penn/guapo (+)

8. Cameron Díaz/Meryl Streep/viejo (−) (¡Ojo!)

II. Make five comparative statements about the people pictured, using the verbs below.

Alicia / Pedro (estudiar)

Delia / Pedro (comer)

Alicia / Delia (levantarse temprano)

Delia / Alicia (tener tiempo libre)

Alicia / Pedro (dormir)

Alicia   Delia   Pedro

1. _____

2. _____

3. _____

4. _____

5. _____

REPASO: CAPÍTULO 5

I. Vocabulario

A. ¿Que tiempo hace? Based on the short descriptions of what people are doing or wearing, write a sentence saying what the weather is like:

1. La gente va a las montañas para esquiar:

2. Tomamos el sol y jugamos al vólibol en la playa:

3. El cielo (*sky*) está gris y estoy triste:

4. ¿Dónde están mis botas y mi impermeable?

5. ¡Uff! ¡Necesito tomar un vaso de agua!

6. Estoy en Los Angeles y no puedo ver ni respirar (*to breathe*):

7. ¿Qué tal si vamos al parque para estudiar?

B. Asociaciones. ¿Qué asocias con los meses y las estaciones? Think of three associations for each month or season.

el otoño:

junio:

diciembre:

el verano:

septiembre:

diciembre:

la primavera:

C. ¿Dónde está? Un poco de geografía. Read the following statements and mark them as **cierto** or **falso**. Then check your answers using the maps on p. 71 of your Supplement.

1. Nicaragua está al sur de México.

2. Portugal está al oeste de España.

3. Venezuela está cerca de Chile.

4. El Salvador está entre Guatemala y Honduras.

5. Panamá está lejos de Colombia.

6. La Argentina está al lado de Chile.

7. Tegucigalpa está al oeste de San Salvador.

8. La ciudad de México está al este de la Ciudad de Guatemala.

II. Gramática

A. <u>¿Ser o estar?</u> Would you use ser or estar to talk about the following things? Write "S" or "E" next to each one, then check your work on pp. 171-172 of *Puntos*. Write a sentence in Spanish for each item on a separate piece of paper.

1. possession
2. someone's current condition or emotional state
3. what something is made of
4. time

5. inherent personality traits
6. where something is
7. agreeing with someone
8. identifying someone or something
9. nationality/origin

B. <u>Ser vs. Estar</u>. Complete the passage.

Hoy _____ jueves. _____ un día horrible. Llueve y hace mucho frío. Tengo que _____ en casa todo el día. No puedo ir al parque. Pero _____ posible ir al cine. La película que dan en el Cine Rex _____ muy interesante. _____ a las dos y veinte de la tarde. Voy a llamar a mis amigos. Si ellos _____ de acuerdo, todos vamos al cine esta tarde. ¡Va a _____ fenomenal!

C. <u>Comparativos</u>. Make comparative statements about the people pictured below. Use the cues in parentheses to determine if the comparisons are equal or unequal.

1. clases / Gloria / Inés (=)
2. refrescos / José / Ramón (=)
3. amigos / Carlos / José (−)
4. tarea / Gloria / Roberto (+)
5. comer / Luis / José (+)
6. ver televisión / Roberto / Inés (+)
7. leer / Carlos / Gloria (=)
8. estudiar / Luis / Gloria (−)

D. ¿<u>Qué están haciendo en este momento</u>? Use the present progressive to tell what each member of the Hernández family is doing right now. Be careful with the reflexive pronouns.

1. _____

2. _____

3. _____

4. _____

5. _____

6. _____

E. <u>Un sábado típico</u>. Suppose that today is a typical Saturday. Using 5 different verbs in the present progressive, tell what you are doing at the following times.

1. Son las 7:15 de la mañana. _____

2. Son las 10:00 de la mañana. _____

3. Es la 1:30 de la tarde. _____

4. Son las 6:30 de la tarde. _____

5. Son las 11:45 de la noche. _____

F. ¿Cuál fue la pregunta? Write an appropriate question for the answers given.

1. ¿————————————————————————————?
Bogotá está en Colombia.

2. ¿————————————————————————————?
Los países centroamericanos son Guatemala, Honduras, El Salvador, Nicaragua, Costa Rica y Panamá.

3. ¿————————————————————————————?
Para mis próximas vacaciones, voy a Chile para esquiar.

4. ¿————————————————————————————?
Hay más de 45 millones de habitantes en México.

5. ¿————————————————————————————?
Carlos Fuentes, el escritor, es de México.

III. Diálogos Write a short dialogue based on one of the following situations:

1. You are sitting next to a good-looking stranger on a long flight to South America. Strike up a conversation in which you:

   • introduce yourselves, say where you are from and what you do;
   • discuss where you are going and make two comparisons between your destination and your seatmate's destination;
   • make plans to meet again.

2. You and your friend made plans to have a picnic in the park today, but the weather is not cooperating. With your friend:

   • discuss the awful weather;
   • decide where you will have lunch instead;
   • talk about what you'll do afterward.

3. You and your fiancé(e) are finally setting a date for the wedding, but you can't decide on which date. Have a conversation in which you and your future spouse:

   • discuss which is better, a June or a December wedding (**la boda**) and why;
   • plan what you will serve at the reception (**la recepción**),
   • talk about where you will go for your honeymoon and when you will return.

ENTREVISTA: ¿Cómo estás?

In class we've practiced using the verb estar to describe conditions (**Estoy alegre, aburrido/a, furioso/a**). Now find out how one of your classmates feels in the following situations. Take turns asking and answering the following questions with a classmate, following the cues below. Use the adjectives on p. 172 of *Puntos* in your answers.

1. Cuando tienes mucho trabajo, ¿cómo estás?

Cuando tengo mucho trabajo, estoy ——————————————.

2. Los lunes por la mañana, ¿cómo estás?

3. Antes de los exámenes, ¿cómo estás?

4. Cuando llueve, ¿cómo estás?

5. Los viernes por la noche, ¿cómo estás?

6. Después de la clase de español, ¿cómo estás?

7. Cuando estás con tu familia, ¿cómo estás?

8. Antes de una cita, ¿cómo estás?

9. Cuando no comprendes el español, ¿cómo estás?

10. Cuando sacas (*you get*) una "A" en tu examen de español, ¿cómo estás?

11. Cuando te acuestas tarde, ¿cómo estás al día siguiente (*next day*)?

Speaking Activities

Key Language Functions: Description and Comparison

At this point in the course you should be able to describe and compare people and places. To do this accurately you should know how to use **ser** and **estar**, know the rules for noun/adjective agreement, and know how to make comparisons of equality and inequality.

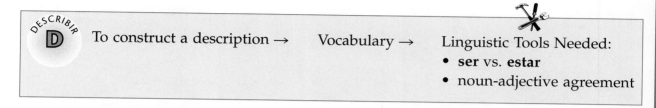

To construct a description →   Vocabulary →   Linguistic Tools Needed:
- **ser** vs. **estar**
- noun-adjective agreement

Take turns with a partner describing the following places. Include what you usually do in those places and how you feel when you are there. Don't forget your vocabulary from previous chapters and the linguistic tools listed above.

1. Your living room
2. Your favorite place to go on Saturday nights
3. Your favorite place to hang out on campus
4. Your favorite place to go in the summer

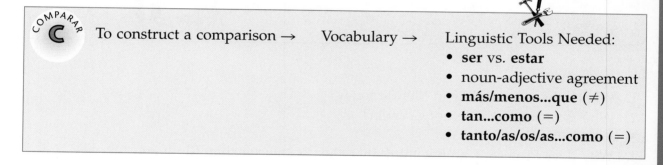

To construct a comparison →   Vocabulary →   Linguistic Tools Needed:
- **ser** vs. **estar**
- noun-adjective agreement
- **más/menos...que** ($\neq$)
- **tan...como** ($=$)
- **tanto/as/os/as...como** ($=$)

Take turns with a partner making comparisons between the following people, places and sentiments. Don't forget your vocabulary from previous chapters and the linguistic tools listed above.

1. Compare yourself and a relative.
2. Compare your apartment or dorm and your parents' house.
3. Compare your wardrobe and your roommate's wardrobe.
4. Compare how you feel during finals and how you feel during spring break.

GUIDED WRITING AND SPEAKING: En la residencia

A. Using the picture and your imagination, answer the following questions in complete Spanish sentences. Pay careful attention to the way the questions are phrased in order to use the correct structures in your answers.

1. What's the weather like in Mérida today?
2. Who is sitting to the left of Germán?
3. Why is Germán worried?
4. Why does Profesor Campos think that Dina is smarter than Riqui and Nicolás?
5. What does Nicolás feel like doing?
6. Which of the students has to leave for class in five minutes?
7. Why is Nicolás tired and when does he typically get up?
8. Who likes to get up early?
9. Who studies as much as Ana María?
10. Where is Professor Alonso from?

B. Now imagine you are one of the characters in the drawing. Write an entry in your journal, comparing life in the dorm to life at home, and your college friends to your high-school friends.

C. With a partner, role-play a dialogue between any two characters in the drawing.

CAPÍTULO
6

Communicative Goals for Chapter 6
By the end of the chapter you should be able to:

- discuss what you eat and drink ❑
- describe your favorite restaurant ❑
- order and pay for food ❑
- talk about what and who you know ❑
- answer questions negatively ❑
- tell someone to do something ❑

Grammatical Structures
You should know:

- **saber** and **conocer** ❑
- personal **a** ❑
- direct object pronouns ❑
- **acabar de** ❑
- indefinite and negative words ❑
- formal commands ❑

PRONUNCIACIÓN: LAS VOCALES

Remember that in Spanish there are only five vowel sounds. Listen carefully as your instructor pronounces the following words, then repeat.

A   agua -- el agua -- el agua mineral -- camarones -- gambas -- naranja -- banana -- una naranja y una banana -- papas -- patatas -- las papas son patatas y las patatas son papas -- la carne -- hambre -- pan -- salsa -- sal -- una papa sin sal

E   té -- café -- leche -- café con leche -- refresco -- cerveza -- arvejas -- queso -- helado -- galletas -- beber -- comer -- Pepe bebe leche y come galletas -- tenedor -- mesa -- el tenedor está en la mesa -- cena

I   vino -- tinto -- vino tinto -- líquido -- el vino tinto es un líquido -- rico -- muy rico -- bistec -- el bistec está rico -- frijoles -- sirve -- aquí -- aquí sirven frijoles con chile -- piña -- almíbar -- piña en almíbar -- oliva -- mariscos

O   pollo -- arroz -- el arroz con pollo -- el arroz con pollo está bueno -- sopa -- jamón -- postre -- torta -- limón -- de postre hay torta de limón -- salmón -- no -- no me gusta el salmón -- melón

U   lechuga -- desayuno -- nunca -- ¡Nunca desayuno lechuga! -- verduras -- gustan -- ¿Te gustan las verduras? -- menú -- atún -- No hay atún en el menú -- fruta -- jugo -- el jugo se hace de fruta -- zumo -- legumbres -- chuleta -- cuchara -- cuchillo -- Se usa un cuchillo para cortar la chuleta.

LISTENING COMPREHENSION:
"Una noche en el restaurante Monterrey"

Your instructor will read a passage to you based on the drawing. The first time you hear the passage, identify the people/groups of people your instructor is describing. The second time you hear the passage, listen for details and answer the true/false questions below.

_____ 1. José and Beatriz will probably sit down next to the Gómez family.

_____ 2. Jean-Paul, when visiting the U.S., likes to eat in Arby's and Taco Bell.

_____ 3. The Gómez family is celebrating Mr. Gómez's birthday.

_____ 4. Sr. López eats in the Monterrey very frequently.

_____ 5. Sr. Peñas is ordering for himself and his wife.

_____ 6. The cashier is smiling because she's in love with Sr. López.

_____ 7. José has good manners.

_____ 8. The newlyweds are returning home in two days

HOSTERIA DEL LAUREL
Plaza de los Venerables, 5
Teléfono 954 / 22 02 05
41004 - SEVILLA

ENTRANTES

Ensalada Mixta . . . . 5 €
Ensalada Lechuga y Tomate . . . . 4 €
Ensalada Salsa Roquefort . . . . 7,50 €
Espárragos Tres Salsas . . . . 9,50 €
Entremeses variados . . . . 10 €
Jamón Serrano. . . . . 12,30 €
Aguacate Vinagrete . . . . 9 €
Champiñones al ajillo . . . . 8,60 €
Melón con jamón . . . . 9 €
Consomé Jerez . . . . 3,50 €
Sopa de Ajos . . . . 3 €
Sopa de Picadillo. . . . . 3,50 €
Gazpacho Andaluz . . . . 4 €

HUEVOS / PASTAS / ARROCES

Tortilla Española . . . . 6,50 €
Tortilla de Jamón . . . . 7,70 €
Paella Mixta (Min. 2 P.), 1 ración . . . . . . 16 €
Spaguetti Napolitana . . . . 6 €
Huevos Flamenca . . . . 6,50 €

Pan . . . . 1 €
Mantequilla . . . . 1 €
Oliva . . . . 2 €

PESCADOS

Brocheta de Mero . . . . 19 €
Fritura Sevillana. . . . . 18 €
Urta Roteña . . . . 16 €
Pez Espada . . . . 18 €

CARNES

Chuleta de Cerdo. . . . . 11 €
Pollo Sevillana . . . . 10 €
Menudo a la Andaluza . . . . 10 €
Riñones Jerez . . . . 9,50 €
Chuleta de Cordero . . . . 12 €
Cordero Asado. . . . . 16 €
Salteado Ternera . . . . 12 €
Tournedos Hostería. . . . . 16 €
Entrecote Parrilla . . . . 19 €
Solomillo Casera . . . . 26 €

POSTRES

Limón Helado . . . . 3,50 €
Helados Variados. . . . . 4 €
Postre Hostería. . . . . 4,50 €
Torta al Whisky . . . . 4,50 €
Flan al Caramelo . . . . 4 €
Fruta del Tiempo . . . . 3,50 €
Piña en Almíbar. . . . . 3,50 €
Café Irlandés . . . . 4,50 €

SABER VS. CONOCER WORKSHEET

I. Would you use **saber** or **conocer** in each of these sentences? Why?

1. She never <u>knows</u> the answer.
2. Do you <u>know</u> where Raul is? --No, but I <u>know</u> he's coming back later.
3. I don't <u>know</u> that girl, but I <u>know</u> she's from Chile.
4. My friend doesn't <u>know</u> how to play the guitar.
5. Do you <u>know</u> Paris well? --No, I <u>know</u> Madrid much better.
6. My friend wants to <u>meet</u> my unmarried cousin.
7. I don't <u>know</u> why she wants a dog!
8. I <u>know</u> San Francisco pretty well, but I still don't <u>know</u> all the good restaurants.
9. Do you <u>know</u> what we have to do tonight?
10. Hey, I <u>know</u> that guy!

II. Complete the following sentences with the correct form of **saber** or **conocer**.

1. (Yo) _____ a Beatriz, pero no _____ de dónde es.

2. ¡Esos chicos _____ jugar al básquetbol muy bien!

3. ¿ _____ (tú) cuánto dinero necesito para el cine?

4. Diego cocina muy bien: (él) _____ preparar muchos platos venezolanos.

5. ¿Por qué no _____ (Uds.) la respuesta?

6. ¿ _____ (tú) algo? Mi amigo Rafael quiere salir contigo.

7. --¿¿Rafael?? ¿Quién es? Yo no _____ a ningún Rafael.

8. ¿ _____ (tú) a la familia de tu novio?

9. En el futuro, quiero _____ a una mujer guapa, inteligente, simpática y rica... ¡pero _____ (yo) que eso va a ser difícil!

10. Marcos, ¿ _____ (tú) si hay una prueba mañana?

11. Pablo no _____ jugar al tenis pero sí _____ nadar muy bien.

12. No _____ (yo) qué voy a hacer esta noche.

13. Ellos no _____ América Central, pero _____ mucho de la política de esa región.

14. Queremos comer algo, pero no _____ dónde está el mercado.

PRÁCTICA: Saber vs. conocer

Alfredo and Raquel are looking for a place to eat. Complete their conversation with the correct form of **saber** or **conocer**, according to the context.

Raquel: Oye, Alfredo. Tengo hambre. ¿Comemos?

Alfredo: Sí, de acuerdo. ¿Por qué no comemos en este restaurante aquí? Es excelente.

Raquel: Bien, pero ... ¿cómo 1. _____ (tú) que este restaurante es tan bueno? Yo no 2. _____ bien este barrio, y nunca vengo a comer por aquí.

Alfredo: Pues, yo lo 3. _____ muy bien. Como aquí casi todas las semanas.

Raquel: ¿De veras?

Alfredo: Sí. Ya 4. _____ (tú) que mi tía Elenita tiene un restaurante, ¿no? Pues, es este restaurante aquí.

Raquel: ¡No me digas!

Alfredo: Sí, y vas a ver. Elenita 5. _____ cocinar de maravilla. Te va a gustar mucho.

Raquel: Ya lo creo. Me gustaría 6. _____ a tu tía. (*Entran al restaurante.*)

(*Unos minutos más tarde.*)

Raquel: ¿Y 7. _____ (tú) a nuestro camarero también?

Alfredo: No, no lo 8. _____. Debe ser nuevo. ¿Ya 9. _____ qué vas a pedir?

Raquel: No, todavía no lo 10. _____. ¿Qué me recomiendas?

Alfredo: Pues, como 11. _____ (yo) que te gustan mucho las sopas, te recomiendo el caldo de pollo. Es la especialidad de la casa, y es riquísimo.

Raquel: De acuerdo. Y después de pedir, vamos a la cocina. Quiero 12. _____ a Elenita.

DIRECT OBJECT PRONOUNS WORKSHEET

Answer the following questions by substituting the correct direct object pronoun in your answer. Where appropriate, use the correct indefinite or negative words.

MODELO: ¿Pierdes tus llaves con frecuencia? No, no las pierdo nunca.

La clase

1. ¿Conoces bien a todos los estudiantes de la clase de español?

2. Hacen Uds. los ejercicios en el libro de texto cada día?

3. ¿Cuándo haces la tarea para tu clase de español?

4. ¿Vas a ver al profesor de español en la oficina hoy?

5. ¿Cuándo vas a aprender la gramática nueva?

6. ¿Empiezas a entender los objetos directos?

7. ¿Dónde compran los estudiantes sus libros de texto?

8. ¿Siempre ayudas a los compañeros de clase?

9. ¿Traes tu diccionario a clase siempre?

10. ¿Es necesario estudiar las palabras nuevas todos los días?

La comida

11. Cuando comes fuera, ¿siempre pagas la cuenta?

12. A veces, ¿comes el postre antes del plato principal?

13. ¿Tomas el café con azúcar o sin azúcar?

14. ¿Te gusta preparar la cena?

15. ¿Traes el almuerzo a la universidad?

En casa

16. ¿Siempre lavas los platos después de comer?

17. ¿Haces la cama todos los días?

18. ¿En qué cuarto prefieres poner el teléfono?

19. ¿Miras las noticias en la televisión por la noche?

20. ¿Puedes escuchar la radio y estudiar al mismo tiempo?

PRÁCTICA: ¿Qué acaban de hacer? ¿Qué van a hacer?

Explain what the people in the pictures have just done and what they are going to do now.

¿Qué acaba(n) de hacer?   Ahora, ¿qué va(n) a hacer?

Paco

Lupe y Jaime

Ernesto

Ana, Raúl y Rafa

PRÁCTICA: Indefinite and negative words

Ana and Estela are roommates, but are complete opposites. Explain how they differ from each other using the drawing below and rewriting the sentences to describe the other roommate.

MODELO: Ana siempre vuelve tarde a la residencia.   Estela nunca vuelve tarde
                                                          (Estela no vuelve tarde nunca.)
                                                          (Estela jamás vuelve tarde.)

Ana	**Estela**
Hay algo debajo de la cama de Ana.	1. _____
También hay una pizza en su cama.	2. _____
3. _____	Estela jamás lleva ropa vieja y sucia.
Ana tiene algunos problemas con organizarse.	4. _____
5. _____	Algunos creen que Estela es una compulsiva.
Ana conoce a muchas personas interesantes.	6. _____
A veces, alguien llama a Ana por teléfono a la una de la mañana.	7. _____
8. _____	Estela siempre se levanta temprano.
9. _____	Se acuesta temprano también.
10. _____	Nunca llega tarde a clase.

PRÁCTICA: Mandatos formales

¡El pobre Sr. Camacho tiene muchos problemas! Below are a list of some of Sr. Camacho's problems/desires. Tell him how you think he should solve his problems by giving him formal commands. Try to give both negative and affirmative commands where possible, and to suggest two solutions to each problem.

Modelo: Estoy cansado.
Soluciones: ¡Tome una siesta! ¡No trabaje ahora! ¡Descanse más!

1. Tengo hambre pero estoy a dieta.

2. Estoy aburrido.

3. Estoy enfermo.

4. No me gusta mi trabajo.

5. Tengo miedo de los perros.

6. Me gustaría ser rico.

7. Tengo dolor de cabeza (headache).

8. Mi coche no funciona.

9. Gano un sueldo muy bajo.

10. Necesito perder 10 libras.

TRADUCCIONES: Mandatos formales

A. <u>Singular</u> (**Ud.**)

1. Read the menu. _____   Read it. _____

2. Call the professor. _____   Call him. _____

3. Don't serve that wine. _____   Don't serve it. _____

4. Don't write the letter. _____   Don't write it. _____

5. Make dinner now. _____   Make it now. _____

6. Don't open the door. _____   Don't open it. _____

7. Close the door. _____   Close it. _____

8. Bring the sandwiches. _____   Bring them. _____

9. Order the shrimp. _____   Order them. _____

10. Ask for the bill. _____   Ask for it. _____

11. Bring the ice cream. _____   Bring it. _____

B. <u>Plural</u> (**Uds.**)

1. Wait for Roberto. _____   Wait for him. _____

2. Don't buy those cookies. _____   Don't buy them. _____

3. Study Chapter 6. _____   Study it. _____

4. Invite Sofía and Sara. _____   Invite them. _____

5. Make the dessert. _____   Make it. _____

6. Don't eat that tortilla. _____   Don't eat it. _____

PRÁCTICA: Mandatos

Complete the charts as in the example. Substitute the correct pronouns for the underlined words when necessary. Put the affirmative commands in the first column and the negative commands in the second column.

comer el helado

Ud.	¡Cómalo!	¡No lo coma!
Uds.	¡Cómanlo!	¡No lo coman!

dar la fiesta

Ud.		
Uds.		

traer el agua

Ud.		
Uds.		

poner la mesa

Ud.		
Uds.		

preparar los tacos

Ud.		
Uds.		

hacer el postre

Ud.		
Uds.		

pedir la paella

Ud.		
Uds.		

llegar temprano

Ud.		
Uds.		

ayudar <u>a mamá</u>

Ud.		
Uds.		

comprar <u>la comida</u>

Ud.		
Uds.		

invitar <u>al profesor</u>

Ud.		
Uds.		

usar <u>la tarjeta de crédito</u>

Ud.		
Uds.		

buscar <u>los refrescos</u>

Ud.		
Uds.		

servir <u>las botanas</u>

Ud.		
Uds.		

ir al café

Ud.		
Uds.		

pagar <u>la cuenta</u>

Ud.		
Uds.		

REPASO: CAPÍTULO 6

I. Vocabulario

1. ¿Cuáles son tres cosas que nunca comes?

_____, _____, _____

2. ¿Cuál es tu comida favorita? _____

3. ¿Qué te gusta comer por la mañana? ¿Y por la noche? _____

II. Gramática

A. Indefinite and Negative Words. Change to the opposite.

1. Siempre estudio en la biblioteca porque me gusta mucho.

2. Algunos compañeros estudian allí también.

3. Nunca comemos en la biblioteca.

4. Nos gusta comer algo después de estudiar.

5. Tengo unos exámenes esta semana, y mis amigos también.

B. Saber vs. conocer. Fill in the correct form of the missing verb. If the "personal a" is required, include it in your answer.

1. ¿_____ (tú) bailar el tango?

2. Yo _____ Jorge, pero no _____ dónde vive.

3. Ellas no _____ mi primo.

4. Necesitan _____ a qué hora vas a venir.

5. Acabo de _____ la madre de mi novio.

6. Quiero ir a Guatemala porque no _____ ese país.

Expresa en español.

1. I know the answer.

2. We'll meet Juan tomorrow.

3. Do you know Caracas?

4. I don't know when the final is.

5. He knows a lot of interesting people.

C. <u>Direct Object Pronouns</u>. Answer the questions using direct object pronouns.

1. ¿Cuándo ves tus programas de televisión favoritos?

2. ¿Con quién practicas el español?

3. ¿Cuándo vas a ver a tus amigos?

4. ¿Cuándo quieres conocer a mis amigos?

D. <u>Los mandatos</u>. Give one affirmative and one negative command to the people in El Mesón Fuentes tonight. Use the infinitive phrases given to form your commands.

Ernestito y su hermana	1. no jugar en el restaurante	_____
	2. comer toda la comida	_____
El dueño	3. tener paciencia con los clientes	_____
	4. no hacer tantas reservaciones	_____
Miguel	5. pagar la cuenta	_____
	6. no salir con Carmen otra vez	_____
Lucía	7. no llegar tarde	_____
	8. ir en taxi	_____
El camarero	9. traer más vino	_____
	10. no ser perezoso	_____

III. ¿Qué dices?. What would you say in the following situations?

1. The waiter forgets to bring you the menu.

2. You want some more water.

3. Your soup is cold.

4. You want to order another dish.

5. You need the bill.

IV. Diálogo. Write an eight-line dialogue between any two people pictured in the drawing below. The dialogue should include a description of what one of the people just ate, what they are going to do after leaving the cafeteria, and two commands.

ENTREVISTA: ¿Qué comidas te gustan?

First, complete the chart with your opinions of the following items using the scale below. Then find out a classmate's likes and dislikes and answer his/her questions about your own opinions. Remember to phrase your questions with the expression "Te gusta(n)...?"

Escala de valores: **1** = ¡Sí, me gusta(n) muchísimo!
                          2 = Sí, me gusta(n).
                          3 = ¡No, no me gusta(n) para nada!

Yo		*Mi compañero/a*
	las verduras	
	los desayunos grandes	
	la barbacoa	
	cenar en restaurantes elegantes	
	preparar comida en casa	
	la pizza con anchoas (anchovies)	
	la comida vegetariana	
	el café	
	las galletas de chocolate	
	la comida china	

BINGO: La comida

__________ almuerza en casa a veces.	__________ sabe cocinar muy bien.	A __________ no le gusta el pescado.	__________ toma muchísimo café.	A __________ no le gusta la comida mexicana.
__________ es vegetariano/a.	__________ está a dieta.	__________ toma vitaminas todos los días.	El restaurante favorito de __________ es "McDonalds".	__________ toma una copa de vino tinto al día.
A __________ le gustan los tacos.	__________ no desayuna nunca.	La comida favorita de __________ es la pizza.	__________ come algo antes de acostarse.	__________ trabaja como camarero/a.
__________ no toma cerveza.	__________ es alérgico/a al chocolate.	__________ come en la biblioteca a veces.	__________ no cocina nunca.	__________ cena mientras ve la televisión.
__________ va a cenar fuera esta noche.	__________ come en una cafetería universitaria.	__________ siempre tiene hambre en la clase de español.	__________ no lava los platos después de comer.	__________ nunca tiene tiempo de almorzar.

GUIDED WRITING AND SPEAKING: En la cafetería

A. Using the picture and your imagination, answer the following questions in complete Spanish sentences. Pay careful attention to the way the questions are phrased in order to use the correct structures in your answers.

Teresa   Leo

los atletas

Carlos

1. Why doesn't Carlos like to eat with the other students?
2. Does the cook (**el cocinero**) know how to cook well?
3. What kind of food do the athletes prefer to eat?
4. After eating, what are the athletes going to do?
5. Why is Teresa happy?
6. Does Carlos know anyone in the cafeteria?
7. How hungry are the athletes today?
8. Who is smarter, Carlos or Leo?

B. Imagine you're a new student who eats at this cafeteria. Write an email to your family or a friend about whom you know and whom you want to meet, what you eat, and what you like and don't like about the cafeteria.

C. With a partner, role-play a dialogue between any two characters in the drawing.

Speaking Activities

Communicative Goals Practice #3

Try to talk about the restaurant scene below for 60 seconds. "Show off" all you have learned up to this point in the semester. Check the **Communicative Goals** boxes at the beginning of each chapter of your Supplement to see all that you should be able to do. For this third oral proficiency practice, the following categories are suggested. Try to use connectors (**porque, pero, y, también, por eso**) to make your description sound more fluent and natural.

1. time
2. description (age, personality, physical appearance, clothing)
3. family relationships
4. food likes and dislikes
5. actions taking place right now
6. future plans
7. comparisons

After you've finished your description, imagine you are talking to the characters in the drawing. Ask at least two questions to one or more characters.

CAPÍTULO
7

Communicative Goals for Chapter 7
By the end of the chapter you should be able to:

- talk about trips and traveling ❏
- express to whom and for whom you do ❏
  something ❏
- talk about likes and dislikes more fully ❏
- talk about things that happened in the past ❏

Grammatical Structures
You should know:

- indirect object pronouns ❏
- **dar** and **decir** ❏
- **gustar** ❏
- preterite forms ❏
- uses of the preterite ❏

PRONUNCIACIÓN

Listen and repeat as your instructor pronounces the following sentences. Then practice with a partner.

1. No hay ningún asiento en el autobús que va al aeropuerto.
2. En el Hotel Majestad el maletero nos ayuda con un montón de maletas.
3. El piloto le pregunta al pasajero puertorriqueño si va a Pamplona o Pontevedra.
4. Recibimos tarjetas postales de Jalapa, Oaxaca, Guanajuato e Isla Mujeres.
5. Guárdame un asiento en el siguiente vuelo a Uruguay. Es urgente.

PRONUNCIACIÓN: Los sonidos *g, gu* y *j*

Listen as your instructor says these Spanish idiomatic expressions, then repeat. Match the Spanish expression with its English equivalent.

_____ 1. Ni decir jota.

_____ 2. Echar un jarro de agua fría.

_____ 3. De ninguna manera.

_____ 4. ¡Qué aguafiestas!

_____ 5. Me da igual.

_____ 6. No saber ni jota.

_____ 7. Se me hizo un nudo en la garganta.

_____ 8. Muy lejos, en el quinto pino.

a. What a party-pooper!

b. No way.

c. To know absolutely nothing.

d. Not to say a word.

e. Miles from anywhere.

f. I got a lump in my throat.

g. To put a damper on it.

h. It's all the same to me.

LISTENING COMPREHENSION: En el aeropuerto

LISTENING COMPREHENSION: Jaime y Marta hacen un viaje

A. You will hear a short conversation between Jaime and Marta, who are getting ready for a trip. As you listen, indicate what they have already done to get ready and what they still need to do in the chart below. Place an X in the correct column, based on what you hear. Look over the list of actions before you begin.

Acción	Ya lo hicieron	Todavía necesitan hacerlo
buscar las maletas		
comprar los boletos		
ir al banco		
hacer las maletas		
llamar a la línea aérea y confirmar el vuelo		
hacer las reservaciones		
encontrar los pasaportes		
hacer una lista		
comprar película para la cámara		
hablar con la agente de viajes		

B. Now listen as your instructor reads sentences about what Jaime and Marta like and don't like when they travel. Circle which item is referred to in each statement.

1. las revistas turísticas   El Hotel Four Seasons

2. viajar en tren   los viajes en autobús

3. las hamburguesas de McDonald's   comer en restaurantes típicos

4. los museos de arte   visitar los monumentos

5. las montañas   la playa

PRÁCTICA: Indirect object pronouns

I. Fill in the blanks with the correct indirect object pronoun, according to the context or the cues in parentheses.

En un restaurante:

1. _____ sirven el almuerzo a la una. (a nosotros)
2. _____ compro refrescos a todos mis amigos.
3. ¿Cuándo _____ va a traer el menú? (a nosotros)
4. _____ puedo recomendar el arroz con pollo y el flan. (a ti)
5. ¿_____ pasas el pan, por favor? (a mí)

De viaje:

6. La azafata _____ pide los boletos a los pasajeros.
7. Mientras hace cola, Tomás _____ guarda un puesto a María.
8. Siempre _____ mando tarjetas postales a mis amigos.
9. El agente de viaje _____ explica el precio de los boletos. (a nosotros)
10. Tengo que comprar _____ unos recuerdos (*souvenirs*) a mis padres.
11. No _____ sirven nada de comer en ese vuelo. (a ti)

II. Now complete each sentence with the missing indirect object pronoun and a logical verb for the context. **Verbos útiles: mandar, pagar, traer, dar, decir, comprar, pedir, hacer, prestar**

MODELO:　　La profesora <u>les</u> <u>explica</u> la gramática a los estudiantes.

1. Este semestre, mis profesores _____ _____ muchísima tarea.
2. Nosotros _____ _____ la matrícula a la universidad todos los semestres.
3. Yo _____ _____ invitaciones a mi fiesta a todos mis amigos.
4. Mis amigos _____ _____ muchos regalos bonitos para mi cumpleaños.
5. Los clientes _____ _____ el menú al camarero, y él _____ _____ la cuenta.
6. Los estudiantes _____ _____ muchas preguntas a la profesora.
7. Los pacientes _____ _____ consejos a los sicólogos.
8. Los padres _____ _____ dinero a sus hijos en la universidad.
9. Los estudiantes _____ _____ «Buenos días» al profesor de español.
10. A veces, mi compañero de cuarto _____ _____ su coche.

DIRECT vs. INDIRECT OBJECT PRONOUNS

Fill in the blank with the correct indirect or direct object pronoun.

Las fiestas y los regalos:

1. Mañana es el cumpleaños de Ana. Beatriz y yo _____ compramos unos discos.

2. Raúl es el mejor amigo de Laura. Él _____ llama para invitar _____ a la fiesta.

3. A José _____ gusta mucho leer. Yo pienso regalar _____ unos libros.

4. Hoy es el aniversario de mis padres. Mi hermano y yo vamos a preparar _____ una cena especial.

5. Mis amigos _____ dicen que van a comprar _____ algo fabuloso para mi cumpleaños.

De viaje:

6. En el aeropuerto Roberto hace cola y _____ guarda un puesto a Sara.

7. ¿Cuál es el número de nuestro vuelo? No _____ puedo ver.

8. A nosotros no _____ gusta Tijuana, pero a Alberto _____ gusta mucho.

9. Juana _____ dice (a mí) que _____ va a traer un regalo de su viaje.

10. --¿Dónde están Miguel y Rosa? No _____ veo por aquí. --Deben estar en la playa.

Las citas:

11. Jaime sale con Inés. Él _____ ve todos los fines de semana.

12. Felipe quiere llamar a Mercedes para invitar _____ al cine.

13. Quiero a Pilar. _____ quiero porque es simpatiquísima.

14. Mi hermana _____ pide dinero (a mí) para ir al concierto, pero no _____ puedo prestar nada.

15. --¿Van a ver la nueva película de Almodóvar? --Sí, _____ vamos a ver hoy.

16. --¿Sabes el nombre de aquel chico al lado del bar? --No, no _____ sé.

17. --¿Conoces a esa mujer que baila con Pepe? --Sí, _____ conozco muy bien.

18. ¡Enrique está enamorado! Siempre _____ compra rosas a su novia. A ella _____ gustan mucho las rosas.

PREGUNTAS PERSONALES

Answer the following questions using direct or indirect object pronouns.

<u>En la universidad</u>:

1. ¿Les escribes a tus padres mucho?

2. ¿Tus padres te llaman todas las semanas?

3. ¿Puedes guardarme un asiento en la clase?

4. ¿Conoces al presidente de la universidad?

5. ¿Saben Uds. cuál es la capital de Costa Rica?

6. ¿A qué hora haces la tarea?

7. ¿Siempre entiendes la gramática?

8. ¿Me puedes explicar el Capítulo 7?

9. ¿Dónde compras tus libros de texto?

10. ¿Pagas tus libros con cheque o con tarjeta de crédito?

11. ¿Ves al profesor (a la profesora) cinco días a la semana?

<u>El tiempo libre</u>:

12. ¿Qué le gusta hacer a tu mejor amigo/a?

13. ¿Les prestas dinero a tus amigos?

14. ¿Les das tu número de teléfono a los compañeros de clase?

15. ¿Cuándo ves a tus amigos?

16. ¿Quieres ver la nueva película de George Clooney?

17. ¿Llamas a tus amigos por teléfono todas las noches?

18. ¿Tus amigos te invitan a comer con frecuencia?

19. ¿Preparas el desayuno todos los días?

20. ¿Nos invitas a tu fiesta de cumpleaños?

21. ¿Me recomiendas la serie de libros de Harry Potter?

22. ¿Siempre le dices toda la verdad (*truth*) a tu mejor amigo/a?

PRÁCTICA: GUSTAR

A. *Gustar* y los objetos indirectos. Complete the sentences with the correct indirect object pronoun, and then circle the correct form of **gustar, encantar** or **interesar.**

1. ¿A ti _____ gusta/gustan las vacaciones de primavera?

2. A mí _____ interesa/interesan los museos arqueológicos de México.

3. A Pedro y Marta _____ encanta/encantan viajar por América Central.

4. A mi tía Paula _____ interesa/interesan las costumbres de la gente indígena.

5. A nosotros no _____ gusta/gustan los hoteles baratos.

6. A mis padres no _____ gusta/gustan la Playa de Carmen.

7. Pero a mí _____ encanta/encantan todas las playas de México.

8. ¿A Uds. _____ gusta/gustan tomar el sol y hacer esquí acuático en Acapulco?

9. A mis amigos _____ interesa/interesan una excursión con visitas culturales.

10. A los turistas _____ gusta/gustan las comidas que sirven en la playa.

B. **Los gustos de los ricos y famosos.** Create 5 sentences about the likes and interests of the celebrities below. At least one of your sentences should be negative.

The Dixie Chicks Tom Cruise Oprah Winfrey Ricky Martin y Shakira Denzel Washington Angelina Jolie	+ (no) +	gustar interesar encantar

1. _____

2. _____

3. _____

4. _____

5. _____

EL PRETÉRITO

REGULAR VERBS

-AR	-ER	-IR
-é	-í	-í
-aste	-iste	-iste
-ó	-ió	-ió
-amos	-imos	-imos
-asteis	-isteis	-isteis
-aron	-ieron	-ieron

IRREGULAR VERBS

DAR	HACER	IR / SER
di	hice	fui
diste	hiciste	fuiste
dio	hizo	fue
dimos	hicimos	fuimos
disteis	hicisteis	fuisteis
dieron	hicieron	fueron

TIME MARKERS: anoche, ayer, anteayer, la semana pasada, el año pasado, el lunes pasado

I. Change the following sentences to the preterite.

1. Fabio viaja mucho.   El año pasado _____
2. Hago las reservaciones.   Ayer _____
3. No escribes muchas cartas.   La semana pasada _____
4. Comemos bien en el Mesón.   Anoche _____
5. Juan llega hoy de Costa Rica. _____ ayer.
6. Hacen las maletas.   Anoche _____
7. Toman el tren a la costa.   El año pasado _____
8. Soy agente de viajes.   El año pasado _____
9. Uds. trabajan mucho.   Anoche _____
10. La agencia abre temprano.   Ayer _____
11. Ofrecemos precios bajos.   El año pasado _____
12. Volvemos a las once.   Anoche _____

II. Preguntas personales

1. ¿Viajaste mucho el año pasado?

2. ¿Te dieron dinero tus padres para las vacaciones de primavera?

3. ¿Adónde fueron tus compañeros de cuarto para la Navidad?

4. ¿Cuánto dinero pagaste la última vez que hiciste un viaje por avión?

5. ¿Visitaste las playas de Baja California el verano pasado?

PRÁCTICA: SPELLING CHANGES IN THE PRETERITE

Verbs that end in **-car, -gar,** and **-zar** show a spelling change in the first person only.

	-car
buscar	busqué
	buscaste
	buscó
tocar	toqué
	tocaste
	tocó

	-gar
pagar	pagué
	pagaste
	pagó
llegar	llegué
	llegaste
	llegó

	-zar
comenzar	comencé
	comenzaste
	comenzó
almorzar	almorcé
	almorzaste
	almorzó

-AR and **-ER** stem-changing verbs show no stem change in the preterite.

Yo vuelvo. → Yo volví.
Ellos juegan. → Ellos jugaron.
Ellos comienzan. → Ellos comenzaron.

Yo pienso. → Yo pensé.
Tú almuerzas. → Tú almorzaste.

Also, an unstressed **i** between vowels becomes **y**.

leer → leí, leíste, leyó, leímos, leísteis, leyeron
creer → creí, creíste, creyó, creímos, creísteis, creyeron

Change the following sentences to the preterite.

1. Saco muchas fotos.
2. Él busca el mercado.
3. Leemos un libro sobre México.
4. Juego al vólibol en la playa.
5. Llego a Madrid mañana.
6. María lee la tarjeta postal.
7. Almuerzo en el café de la plaza.
8. Pago los boletos con cheque.
9. Comienzan su viaje mañana.
10. ¿Cuándo vuelves del viaje?
11. Se despiertan tarde y pierden el vuelo.
12. Empiezo a hacer la maleta ahora.

1. El año pasado _____
2. Ayer _____
3. La semana pasada _____
4. Anoche _____
5. _____ anteayer.
6. Ayer _____
7. El lunes _____
8. El año pasado _____
9. _____ la semana pasada.
10. ¿ _____, ayer o anteayer?
11. Ayer _____
12. Anoche _____

EL PRETÉRITO: Un asesinato (*murder*)

There's been a murder in the elevator of the apartment building at Calle de las Calzadas, 29, and the police are taking reports from several people who were at the scene of the crime. Is one of these people lying? Complete each person's statement with the correct Spanish forms of the verbs in parentheses.

Catalina Alarcón de Sastre, abuela, 72 años

Pues, a ver... (*I left* - salir) 1. _____ de mi casa a las ocho y cuarto, y (*I went* - ir) 2. _____ al mercado para hacer las compras. Allí (*I bought* - comprar) 3. _____ fruta, carne y pan. También (*I spoke* - hablar) 4. _____ un rato con doña Luisa. Después... ¿qué (*did I do* - hacer) 5. _____ después? Ah, sí... (*I passed* - pasar) _____ por la farmacia por unas aspirinas. (*I returned* - regresar) _____ a casa a las nueve. Cuando (*I entered* - entrar) 8. _____ al ascensor (*elevator*), (*I saw* - ver) 9. _____ al hombre muerto, y (*I screamed* - gritar) 10. _____ "¡Socorro! ¡Socorro!" Cuando (*arrived* - llegar) 11. _____ el portero, don Ramón, yo (*fainted* - desmayarse) 12. _____ y él (*called* - llamar) 13. _____ a la policía. ¡Qué susto, por Dios!

Jaime Durante, 20 años

Bueno, (*I woke up* - despertarse) 1. _____ tarde, a las nueve menos cuarto. (*I bathed* - bañarse) 2. _____ y (*I got dressed* - vestirse) 3. _____ rapidísimo. (*I drank* - tomar) 4. _____ un café negro y después (*I left* - salir) 5. _____ corriendo para la universidad. Cuando (*I tried* - intentar) 6. _____ entrar al ascensor, oí (*I heard* - oír) 7. _____ la voz de doña Catalina, gritando. (*I thought* - pensar) 8. _____ que necesitaba ayuda, y por eso (*I returned* - volver)

9. _____ a mi apartamento y (*I called* - llamar) 10. _____ al hospital. La ambulancia (*arrived* - llegar) 11. _____ en diez minutos. (*It was* - ser) 12. _____ entonces cuando don Ramón me (*explained* - explicar) 13. _____ qué pasó. ¡Qué horrible! Y para colmo (*to top if off*), (*I missed* - perder) 14. _____ mi clase.

Ramón Torrijo, portero, 57 años

Pues, de verdad no sé nada. (*I went out* - salir) 1. _____ a la calle a las ocho y media, y (*I sat down* - sentarse) 2. _____ en la silla que está afuera para descansar un poco. (*I smoked* - fumar) 3. _____ un cigarrillo y (*I read* - leer) 4. _____ el periódico. A las nueve menos cinco, (*rang* - sonar) 5. _____ el teléfono de pasillo, y (*I had* - tener) 6. _____ que contestarlo. Pero (*happened* - pasar) 7. _____ algo raro: cuando lo (*I answered* - contestar 8. _____, no había (*there wasn't*) nadie. (*I asked* - Preguntar) 9. _____: "¿Quién es? ¿Quién habla?" (*I listened* - escuchar) 10. _____ and (*I waited* - esperar) 11. _____ unos segundos, pero nada. (*It was* - ser) 12. _____ entonces cuando (*returned* - regresar) 13. _____ doña Catalina. Ella (*entered* - entrar) 14. _____ al ascensor y casi inmediatamente (*began* - empezar) 15. _____ a gritar. ¡Qué día! ¡Vaya por Dios!

REPASO: CAPÍTULO 7

I. <u>Vocabulario</u>

A. <u>Categorías</u>.

1. Tres cosas que haces en el aeropuerto:

2. Tres cosas que necesitas hacer antes de hacer un viaje:

3. Tres formas de viajar:

4. Tres personas que te ayudan cuando haces un viaje:

B. <u>Preguntas personales</u>. Por favor, contesta en una o dos frases completas.

1. ¿Qué te gusta hacer cuando estás de vacaciones?

2. ¿Cómo te gusta viajar? ¿Por qué?

3. ¿Adónde te gustaría viajar? ¿Por qué?

4. ¿Qué piensas hacer durante las próximas vacaciones?

5. ¿Adónde fuiste el verano pasado?

II. <u>Gramática</u>

A. <u>Pronouns</u>. Complete with the correct direct or indirect object pronoun. Read the sentences carefully to decide which pronoun is needed.

1. Mañana es el cumpleaños de Ana. _____ voy a comprar unos discos.

2. -- _____ voy a escribir una carta a mis padres después de hacer mi tarea.
   --No me gusta escribir cartas. No _____ escribo nunca.

3. ¿La composición? Lo siento, pero no _____ tengo conmigo.

4. Mi hermano _____ pide dinero (a mí), pero yo no _____ puedo prestar nada.

5. Los estudiantes _____ van a regalar una maleta a la profesora.

6. ¿Dónde están Paco y Rosa? No _____ veo por aquí.

7. ¿Las maletas? Tenemos que hacer _____ ahora mismo.

B. Gustar. Fill in the blanks with the correct pronoun and the correct form of gustar.

MODELO: No _____ _____ comer carne (a mí).

No   me   gusta   comer carne.

1. Profesor(a), no _____ _____ la gramática. (a nosotros)

2. ¡_____ _____ muchísimo las vacaciones! (a mí)

3. A mis padres _____ _____ mucho la música clásica, pero a mi hermano no _____ _____ nada.

4. No _____ _____ viajar en avión. Tengo miedo.

5. ¿_____ _____ la clase de español? (a ti)

C. Expresa en español.

1. I don't like waiting in line at all.

2. We would like to travel in first class.

3. Many people don't like long flights.

4. I wouldn't like to be a flight attendant.

D. El pretérito. On a separate sheet of paper, write a short paragraph about last weekend. Include details about where you went and what you did with your friends, using the verbs below.

MODELO: El sábado, me levanté tarde...

Verbos útiles:
levantarse comer salir comprar ir hablar jugar ver volver acostarse

---

III. Diálogos

Imagine that you are planning a trip to Mexico for spring break. Write a dialogue between you and a travel agent in which you:

- greet the agent and explain that you need two round-trip tickets for Mexico City;
- ask about hotel reservations in Mexico City and Cancún;
- ask how much it costs to fly to Cancún from Mexico City;
- confirm the times and dates you will be traveling;
- pay for your tickets.

Key Language Functions: Description, Comparison, Expressing Likes and Dislikes and Narration in the Past

At this point in the course you should be able to describe, compare, discuss likes and dislikes, and narrate past events. The chart below shows the linguistic tools needed to perform these four key language functions accurately.

DESCRIBIR D	To construct a description →	Vocabulary →	Linguistic Tools Needed: • **ser** vs. **estar** • noun-adjective agreement
COMPARAR C	To construct a comparison →	Vocabulary →	Linguistic Tools Needed: • noun-adjective agreement • **más/menos...que** • **tan...como** • **tanto/as/os/as...como**
GUSTOS G	To construct a statement → expressing likes and dislikes	Vocabulary →	Linguistic Tools Needed: • **Gustar**-type constructions • Indirect-object pronouns
PASADO P	To construct a narration → of a series of past events	Vocabulary →	Linguistic Tools Needed: • Preterite verb forms

Take turns with a partner talking about the following topics. Remember to pay attention to the linguistic tools (the grammar rules) you need to speak or write accurately.

- Describe a five-star hotel. Include the kinds of services they offer and how people feel when they go there.
- Describe a romantic restaurant. Include what they serve and how people feel when they go there.

- Compare two restaurants that you frequent.
- Compare how you feel after a great weekend with the way you feel after summer vacation.

- Tell what you like and what bothers you about vacationing with your parents.
- Tell what you think your instructor likes to do on vacation and what things interest him/her.

- Tell what you did yesterday from the time you got up until the time you went to bed.
- Tell where you went on your last vacation, include five things you did while you were there.

GUIDED WRITING AND SPEAKING:
En el aeropuerto de San José

A. Using the picture and your imagination, answer the following questions in complete Spanish sentences. Pay careful attention to the way the questions are phrased in order to use the correct structures in your answers.

1. Why is Pepe in a hurry?
2. What doesn't Julia like about traveling?
3. What time does Flight 77 leave?
4. Did Javier buy a ticket in first class or tourist class?
5. What gifts did Loli buy for her children?
6. How much does a round-trip ticket from San José, Costa Rica to Mexico City cost?
7. When did Luis make his reservations?
8. What time are the passengers going to get on the plane?
9. Why is Martín not standing in line?
10. How many bags can each passenger check on an international flight?

B. Now imagine that you are one of the travelers in the airport. Write a letter to a friend in which you talk about what you did on your trip.

C. With a partner, role-play a dialogue between any two characters in the drawing.

BINGO: Los gustos

_____ tomar el sol	_____ los hoteles baratos	_____ viajar en tren	_____ hacer camping	_____ los aviones
_____ sacar fotos	_____ los viajes por Latinoamérica	_____ los museos	_____ viajar con sus padres	_____ las tarjetas postales
_____ las comidas exóticas	_____ la playa	_____ las montañas	_____ las ciudades grandes	_____ el mar
_____ las maletas de Gucci	_____ los vuelos con escalas	_____ ir en primera clase	_____ las vacaciones de verano	_____ los viajes en coche
_____ viajar solo	_____ los viajes en barco	_____ los idiomas extranjeros	_____ hacer la maleta	_____ las islas tropicales

ENTREVISTA: Busca a alguien que...

Find classmates who did the following things. Use the model as an example and form your questions using the list below. When you find someone who answers **sí** to your question, have him/her sign in the correct blank. Be prepared to report your answers to the class.

MODELO: Find someone who took a history class last year.
                    Tú: ¿Tomaste una clase de historia el año pasado?
        Tu compañero/a: ¡Sí!
                    Tú: ¡Firma aquí, por favor!

Find someone who . . .	Nombre
went to the movies last night	
ate pizza last weekend	
got up late yesterday	
watched television last night	
went to a party last weekend	
lived someplace else last semester	
got an A on the test	
talked on the phone yesterday	
did something interesting last year	
went to bed late last night	
went out with friends last weekend	
had a problem last week	
arrived late to class last week	
read the newspaper this morning	

Round Robin: Grammar Monitor Activity

In this activity you will work in groups of three. Each partner will alternate roles until all three of you have (1) described what one of the characters usually does and what he/she did differently this past Saturday; (2) asked questions to get more information; and (3) served as the grammar monitor.

Speaking Activities

Partner A: Describe three things one of the characters usually does on Saturdays and then say what three things he/she did differently this past Saturday. Example: *Generalmente, ... pero el sábado pasado...* Use your imagination. Don't forget your connectors: *primero, luego, entonces, después.*

Partner B: Listen carefully as Partner A talks about the activities of one of the characters. Then ask two questions to get more information about his/her activities.

Partner C: As the grammar monitor, your job is to listen for the correct preterite verb forms. Write down the six verbs you hear. Pay special attention to the pronunciation of the preterite verbs (**pasó, regresó,** etc). When Partners A and B are finished, give them feedback on whether or not they are forming the preterite correctly and whether they are putting the stress on the accented last syllable.

Now switch roles. Partner A takes the role of Partner B (the person asking questions), Partner B takes the role of Partner C (the grammar monitor), and Partner C takes the role of Partner A (the describer of activities in the present and past).

CAPÍTULO 8

Communicative Goals for Chapter 8
By the end of the chapter you should be able to:

- discuss special holidays and parties ❑
- talk about how you feel in different situations ❑
- give emphatic opinions and reactions ❑
- talk more about past events ❑

Grammatical Structures
You should know:

- -ísimo/a ❑
- irregular preterites ❑
- stem-changing preterites ❑
- double object pronouns ❑

PRONUNCIACIÓN: Los Reyes Magos

Practice these verses of a carol from Argentina about the Three Kings.

Llegaron ya los reyes
y eran tres,
Melchor, Gaspar
y el negro Baltazar.
Arrope y miel
le llevarán
y un poncho blanco
de alpaca real.

Changos y chinitas
duérmanse,
que ya Melchor
Gaspar y Baltazar
todos los regalos
dejarán
para jugar mañana
el Redentor.

El niño Dios
muy bien lo agradeció;
comió la miel
y el poncho lo abrigó.
Y fue después
que los miró,
y a medianoche
el sol se alumbró.

LISTENING COMPREHENSION: "Los Regalos de Navidad"

Listen as your instructor reads a passage about Carlos and Mónica's Christmas gifts and fill in the chart below as you hear the information.

	CARLOS	**MÓNICA**
Juguetes		
Ropa		
Animales		
Electrónicos		

Now listen again and put a check mark (✓) next to the gifts Carlos and Mónica received from Los Reyes and an asterisk (*) next to the gifts received from Santa Claus.

LAS EMOCIONES Y LAS REACCIONES

Answer the following questions. Try to think of two responses for each question.

Modelo: ¿En qué situaciones sonríes?
Respuesta: Sonrío cuando veo a un amigo. También sonrío cuando miro el programa
            "Seinfeld" en la televisión.

1. ¿En qué situaciones te sientes feliz?

2. ¿En qué situaciones lloras?

3. ¿En qué situaciones te enojas?

4. ¿En qué situaciones te ríes?

5. ¿En qué situaciones te pones triste?

6. ¿En qué situaciones te quejas?

7. ¿En qué situaciones te pones nervioso?

8. ¿En qué situaciones lo pasas bien?

PRÁCTICA: Adjectives of emphasis

I. Make a comparison between the pairs of items listed using the emphatic form of the adjective given.

MODELO: los hipopótamos/los elefantes (grande) → Los hipopótamos son grandes, pero los elefantes son grandísimos.

1. los coches / los aviones (rápido)

2. mis otras clases / la clase de español (interesante)

3. los perros / los chimpancés (inteligente)

4. la ciudad de Nueva York / el Distrito Federal de México (grande)

5. las ratas / las cucarachas (feo)

6. los Mercedes / los Porsches (caro)

7. Jay Leno / David Letterman (cómico)

8. Michael Dell / Bill Gates (rico)

9. la ropa de Gucci / la ropa de Chanel (elegante)

10. las composiciones / los exámenes (difícil)

II. Now give your opinion about the following people and things using an adjective of emphasis.

MODELO: los gatos → En mi opinión (Creo que) los gatos son hermosísimos.

tu mejor amigo/a
el presidente Bush
Eva Longoria
el profesor/la profesora de español
las playas de México

la universidad
los "talk shows"
las margaritas
la pizza de Pizza Hut
la música de Cold Play

III. Now say how you feel in the following situations, using an adjective of emphasis.

1. Cuando saco una A en un examen, estoy...

2. Después de una fiesta, mi apartamento está...

3. Cuando estoy de vacaciones, me siento...

4. Cuando mis padres me visitan, me pongo...

5. Al final del semestre, estoy...

EL PRETÉRITO

Complete the passages with the preterite of the verbs in parentheses.

A. Una cena con amigos.

La semana pasada, Julio (decidir) 1. _____ invitar a unos amigos a cenar. El jueves, (ir - yo) 2. _____ con Julio para comprar los ingredientes para un arroz con pollo. El viernes, Julio y yo (volver) 3. _____ a casa después de clase para limpiar la casa. Él (pasar) 4. _____ la aspiradora y (sacudir - yo) 5. _____ los muebles. Después, (bañarse - yo) _____ y Julio (afeitarse) 7. _____. Luego, Julio preparó la cena y juntos, nosotros (poner) 8. _____ la mesa.

A las ocho, nuestros amigos (llegar) 9. _____. Ellos nos (traer) 10. _____ unas flores que (poner - yo) 11. _____ encima de la mesa. Hablamos un ratito y después (ir - nosotros) 12. _____ al comedor para cenar. ¡Qué rico (estar) 13. _____ el arroz con pollo! Después, (preparar - yo) 14. _____ el café y se lo (servir) 15. _____ a todos.

Nuestros amigos (quedarse) 16. _____ hasta las tres de la madrugada. ¡Cuánto (divertirse - nosotros) 17. _____ y (reírse) 18. _____! Esa noche Julio y (dormir - yo) 19. _____ como troncos. Nosotros no (levantarse) 20. _____ hasta las dos al día siguiente. (Estar - yo) 21. _____ cansado todo el día y no (poder) 22. _____ hacer nada.

B. Un aniversario de bodas.

Para su quinto aniversario de bodas, Antonio y Carmen (hacer) 1. _____ una fiesta. (Invitar) 2. _____ a todos sus parientes y amigos. Antonio (preparar) 3. _____ y (servir) 4. _____ unos entremeses riquísimos. No (faltar) 5. _____ nadie a la fiesta, y todos les (traer) 6. _____ regalos preciosos. Yo les (regalar) 7. _____ un álbum de fotos, y de los padres de Carmen, (recibir - ellos) 8. _____ unas copas de cristal. En la fiesta, Antonio le (leer) 9. _____ un poema de amor a Carmen. Ella (ponerse) 10. _____ a llorar. Después, (calmarse - ella) 11. _____, y todos nosotros (divertirse) 12. _____ muchísimo.

C. Una fiesta de sorpresa.

La última vez que (dar - yo) 1. _____ una fiesta, (ser) 2. _____ un desastre. (Querer - yo) 3. _____ hacer una fiesta de sorpresa para el cumpleaños de mi compañera de casa, Lourdes, pero todo (salir) 4. _____ mal. (Empezar - yo) 5. _____ por invitar a unos quince amigos. Les (pedir - yo) 6. _____ ayuda con los refrescos y los entremeses, y todos me (decir) 7. _____ que sí. Bueno...el día de la fiesta, Lourdes (enfermarse) 8. _____. (Volver - ella) 9. _____ a casa y (acostarse) 10. _____. Me (decir) 11. _____: "No salgo de aquí. Me siento fatal". (Ponerse - yo) 12. _____ casi histérica. ¿Cómo hacer los preparativos con Lourdes en la casa enferma?

(Pensar - yo) 13. _____ un rato, y por fin (tener) 14. _____ una idea. (Preparar - yo) 15. _____ un té con limón para Lourdes. En el té, (poner - yo) 16. _____ una pastilla para dormir. Se lo (servir - yo) 17. _____, (cerrar) 18. _____ la puerta de su alcoba y (comenzar) 19. _____ a limpiar la casa en silencio. Pasó una hora, y (llegar) 20. _____ unos invitados. Pasó media hora más y (venir) 21. _____ otros. Al final, (terminar - nosotros) 22. _____ de hacer los preparativos. (Ir - nosotros) 23. _____ a la sala, (sentarse) 24. _____ y (esperar) 25. _____.

Bueno...Lourdes no (despertarse) 26. _____ aquella noche. (Dormir - ella) 27. _____ doce horas seguidas y (perderse) 28. _____ la fiesta. Los invitados (esperar) 29. _____ una hora, dos horas... y después me (dejar - ellos) 30. _____ sola en casa con toda la comida lista, la música, el pastel, todo. Cuando Lourdes (salir) 31. _____ de su alcoba al día siguiente y (ver) 32. _____ todo, me (preguntar) 33. _____: "Pero, chica, ¿qué es esto? ¿No sabes que mi cumpleaños fue ayer?"

PRÁCTICA: Irregular and stem-changing preterites

¡Qué cambios más raros! With the full moon, strange things happen. Fill in the blanks with the correct preterite forms to indicate what happened when the moon was full.

1. Típicamente los niños **duermen** muy bien, pero anoche _____ muy mal.

2. Doña Lupe siempre me **dice** "Buenas noches", pero anoche no me _____ nada.

3. Casi nunca **tengo** problemas con la tarea, pero anoche _____ muchísimos problemas con hacerla.

4. Por lo general, **puedo** terminar la tarea en una hora, pero anoche no _____ terminarla antes de las once.

5. Mis amigos generalmente **vienen** a verme por la tarde, pero ayer no _____.

6. La tía Susana casi siempre **se pone** ropa elegantísima, pero ayer _____ unos bluejeans viejos y una camiseta sucia.

7. Pablo casi nunca **está** enfermo, pero _____ mal todo el día ayer.

8. Mi novio me **trae** una flor todos los días, pero ayer no me _____ nada.

9. Generalmente no **hay** muchas fiestas en mi casa de apartamentos, pero anoche _____ tres o cuatro.

10. Siempre **sirven** comida riquísima en Casa Paco, pero anoche me _____ una cena horrible.

11. Mi hijo generalmente **pide** helado de postre, pero anoche _____ pastel de chocolate.

12. Mamá generalmente **se siente** feliz, pero ayer _____ muy triste.

13. Julia y Pablito **se divierten** cuando están juntos, pero ayer no _____ para nada.

14. Típicamente, el Sr. Varela **se despide** de su esposa y sale de casa a las ocho de la mañana, pero ayer no _____ hasta las nueve y media.

15. Dieguito siempre **se ríe** cuando ve "Garfield y sus amigos" en la tele, pero ayer no _____.

16. El bebé **sonríe** cuando ve a su mamá, pero ayer no _____ ni una vez.

17. Los niños típicamente **se visten** muy lento, pero ayer _____ muy rápido.

18. Generalmente mi amigo Raúl **puede** ayudarme con la clase de química, pero anoche él no _____ entender la tarea tampoco.

PRÁCTICA: Double object pronouns

Imagine that you were a guest at the Trujillo's anniversary party. Explain who gave which gifts to Sr. and Sra. Trujillo, according to the drawing below. Use double-object pronouns in your answers.

1. ¿Quién les regaló el cuadro (*painting*)?

2. ¿Quién les hizo el pastel?

3. ¿Quién les compró el televisor?

4. ¿Quién les regaló las entradas (*tickets*) para el concierto?

5. ¿Quién les compró el libro?

6. ¿Quién les organizó la fiesta?

Now imagine that you are Marcos. Explain what different people gave you at your birthday party, according to the drawing below and again using double-object pronouns in your answers.

1. ¿Quién te dio el regalo grande?

2. ¿Quién te regaló la camisa?

3. ¿Quién te compró el radio?

4. ¿Quién te hizo el pastel?

5. ¿Quién te regaló el libro?

6. ¿Quién te hizo la fiesta?

SEQUENCE OF OBJECT PRONOUNS: Traducción

1. I give it to them. (the gift)

2. I give it to her. (the balloon)

3. She gives it to me. (the cake)

4. We write it to you. (the letter)

5. They write them to us. (the notes)

6. They are going to write them to us. (the postcards)

7. I want to give it to her. (the suitcase)

8. Do you want to give it to her? (the flower)

9. Do you want to give it to me? (the money)

10. We are going to give them to them. (the appetizers)

11. Is she going to give it to us? (the photo)

12. Mary is going to buy it for us. (the tent)

13. Pablo buys them for her. (the cookies)

14. I buy them for them. (the gifts)

15. Does he tell it to her? (the secret)

16. Her parents send it to her. (the money)

EL PRETÉRITO Y LOS PRONOMBRES

Below are a series of questions given from one person/group of people to another about when something will happen. Answer the questions, saying the actions have already (**ya**) taken place, using the preterite and both object pronouns.

MODELO: (*you ask friends*):   ¿Cuándo van a darme Uds. mi regalo de cumpleaños?
                     (*your friends say*):   ¡Ya te lo dimos!

1. (*your mother asks*) ¿Cuándo vas a escribirle esa carta a tu tía Hortensia?
(*you say*):

2. (*your professor asks the class*): ¿Cuándo van a entregarme Uds. la tarea?
(*you say*):

3. (*your roommate asks*): ¿Cuándo vas a prestarme tu coche nuevo?
(*you say*):

4. (*your nosy friend asks*): ¿Cuándo va a darte tu novio/a tu regalo de aniversario?
(*you say*):

5. (*your Spanish class asks*): Profesora, ¿cuándo va a enseñarnos el pretérito?
(your professor says):

6. (*your nosy friend asks again*): ¿Cuándo vas a mostrarme las fotos de tu novio/a?
(*you say*):

7. (*your guilty conscience asks*): ¿Cuándo vas a mandarle flores a tu abuela?
(*you say*):

8. (*your poor friend asks*): ¿Cuándo vas a darme el dinero que me debes (*owe*)?
(*you say*):

9. (*your lazy roommate asks*): ¿Cuándo vas a lavarme los platos?
(*you say*):

10. (*you ask your lazy roommates*): ¿Cuándo van a plancharme la ropa?
(*they say*):

REPASO: CAPÍTULO 8

I. Vocabulario

A. <u>Párrafo</u>. Complete this paragraph using words and phrases fron Chapter 8.

Juan Ramón (*got angry*) 1. _____ esta mañana porque hoy es su

(*birthday*) 2. _____ y piensa que lo olvidé. Pero no lo olvidé; le voy a

(*give*) 3. _____ una fiesta. Es una (*surprise*) 4. _____.

Conchita y Ernesto van a preparar las (*appetizers*) 5. _____ para

comer, y Alberto y Angélica van a llevar los (*refreshments*) 6. _____ para

beber. Quiero ver su cara (*face*) cuando gritemos ¡(*congratulations*)

7._____! Va a (*become*) 8. _____ feliz.

B. <u>Las emociones</u>. Complete the following sentences.

1. Me enojo cuando _____

2. Me río cuando _____

3. Me quejo cuando _____

4. Me siento triste cuando _____

C. <u>Las asociaciones</u>. Match the holidays in the first column with the items in the second, and add one more word that you associate with that holiday.

1. La Navidad: _____ y _____   a. el pavo

2. La Pascua: _____ y _____   b. los huevos decorados

3. La Noche Vieja: _____ y _____   c. muchos regalos

4. El Día de Gracias: _____ y _____   d. besos a medianoche

II. Gramática

A. <u>Being emphatic</u>. Translate to Spanish.

1. These gifts are extremely expensive.

2. He always feels extremely sad at Christmas.

3. The appetizers are extremely good.

B. Irregular Preterite Forms. Fill in the chart below.

Presente	Pretérito
1. pongo	1. _____
2. duermen	2. _____
3. _____	3. empecé
4. _____	4. supe
5. puede	5. _____
6. sirven	6. _____

C. Irregular and Stem-Changing Preterites. Complete the passage about Ángela's awful day with the correct form of the verb in parentheses.

Anoche ella (poner) 1._____ el despertador para las seis.

(Dormir) 2._____ muy mal y por eso, (despertarse)

3._____ tarde, a las siete y media. Se bañó y (vestirse)

4._____ muy rápido, pero llegó tarde a la oficina. Su jefe (ponerse)

5._____ muy enojado, y le (decir) 6._____:

"Angela, vas a tener que terminar todo este trabajo hoy". A mediodía, ella (almorzar)

7._____ en un restaurante cerca de su oficina. Comió muy rápido y

(volver) 8._____ a la oficina casi inmediatamente. Por eso, no

(sentirse) 9._____ bien toda la tarde. Y (estar)

10._____ trabajando hasta las diez de la noche.

D. La fiesta de Steven Spielberg. Your friend Andrés crashed Steven Spielberg's party last night. Ask him about it, forming questions from the infinitive phrases.

MODELO: estar en la fiesta anoche (tú) → ¿Estuviste en la fiesta anoche?

1. servir entremeses ricos (ellos)

2. venir muchos actores famosos

3. saber el teléfono de Halle Berry (tú)

4. poder hablar con Owen Wilson (tú)

5. traerle un regalo a Steven (tú)

6. conseguir el autógrafo de Jessica Alba (tú)

7. divertirse todos

E. Double Object Pronouns. Fill in the charts with the two sets of object pronouns.

<table>
<tr><td colspan="2" align="center">DIRECT</td></tr>
<tr><td></td><td></td></tr>
<tr><td></td><td></td></tr>
<tr><td></td><td></td></tr>
</table>

<table>
<tr><td colspan="2" align="center">INDIRECT</td></tr>
<tr><td></td><td></td></tr>
<tr><td></td><td></td></tr>
<tr><td></td><td></td></tr>
</table>

1. Which pronoun comes first, indirect or direct? What happens when both pronouns start with the letter "l"?

2. Substitute both objects with pronouns and rewrite the sentence.
   a. Voy a comprarle estas flores a mi amigo.

   b. Mis padres me mandaron las galletas ayer.

   c. Te voy a contar el secreto.

   d. Necesito darles estas invitaciones a mis amigos.

   e. Ella nos está explicando el problema ahora.

F. Traducciones. Use both object pronouns in the correct order.

1. They bought it for me. (**el regalo**)

2. I sent it to her. (**las flores**)

3. We gave it to them. (**la invitación**)

4. She is serving them to him right now. (**los entremeses**)

III. Diálogos

With a classmate, write a short dialogue based on one of these situations.

- You and your friend Alfonso/Alfonsina have decided to move in together next semester, but you each have slightly different ideas about where youíd like to live, how much you can spend, and what kind of an apartment you need. Get together and discuss these issues and try to resolve them.

- You and your roommate Fulano/Fulanita get along most of the time, but she has some habits which have been bothering you lately (for example, taking very long showers, talking on the phone all the time, inviting over friends you dislike, never washing the dishes). Express your concerns to him/her and politely ask that s/he stop whatever it is that bothers you.

- You're **hasta las narices** (*fed up*) with dorm life and want to move off-campus next semester. Explain to your mom/dad the woes of dorm living, and see if you can convince him/her to let you live elsewhere.

BINGO: La vida personal

_____ cumple años este mes.	_____ da muchas fiestas.	_____ faltó a clase esta semana.	_____ va a la playa para las vacaciones de primavera.	A _____ no le gustan los días festivos.
_____ discute mucho con su novio/a.	_____ llora cuando ve películas tristes.	_____ se olvidó de su libro de texto hoy.	_____ se siente feliz hoy.	A _____ le encantan los fuegos artificiales.
_____ siempre mira el desfile en la tele el Día de Gracias.	_____ gasta mucho dinero en su novio/a.	_____ odia el Día de los Enamorados.	_____ se enfermó la semana pasada.	_____ siempre se porta bien en la clase de español.
La familia de _____ celebra el Día de los Reyes Magos.	_____ se reúne con amigos esta tarde.	_____ tuvo una quinceañera.	_____ siempre asiste a una fiesta para la Noche Vieja.	_____ estuvo en un desfile una vez.
_____ se divirtió mucho el fin de semana pasado.	_____ se siente triste hoy.	_____ celebra su cumpleaños y su día del santo también.	Este año, _____ no vuelve a casa para el Día de Gracias.	_____ se sintió mal el Día de Año Nuevo.

GUIDED WRITING AND SPEAKING: En la fiesta de los García

A. Using the picture and your imagination, answer the following questions in complete Spanish sentences. Pay careful attention to the way the questions are phrased in order to use the correct structures in your answers.

1. Who gave the party for the Garcías?
2. What did Roberto and Luisa give to Manuel and Isabel?
3. When did Marisa meet Leo?
4. Where are Marisa and Leo going after the party?
5. Did Susanita have a good time at the party? Why?
6. What did they serve at the party?
7. Why didn't Isabel's sister attend the party?
8. How did Félix and Susanita behave?
9. How much money did Roberto and Ana spend on their presents?
10. Who got upset when the party ended?

B. Imagine you are one of the characters pictured in the drawing. Write a letter to one of your cousins who was not able to attend the anniversary party. Tell what you did at the party, what your relatives served and what gifts your grandparents received.

C. With a partner, role-play a dialogue between any two of the characters in the drawing.

Speaking Activities

Communicative Goals Practice #4

Try to talk about the party scene below for 60 seconds. "Show off" all you have learned up to this point in the semester. Check the **Communicative Goals** boxes at the beginning of each chapter of your Supplement to see all that you should be able to do. For this oral proficiency practice, the following categories are suggested. Try to use connectors (**porque, pero, y, también, por eso**) to make your description sound more fluent and natural.

1. description (age, personality, physical appearance, clothing)
2. likes and dislikes
3. description of feelings
4. actions taking place right now
5. what people did last weekend
6. comparisons
7. future plans

After you've finished your description, imagine you are talking to the characters in the drawing. Ask at least two questions to one or more characters.

CAPÍTULO
9

Communicative Goals for Chapter 9
By the end of the chapter you should be able to:

- talk about free time and household chores ☐
- talk about what you used to do ☐
- describe past conditions and states ☐
- express extremes ☐
- get information by asking questions ☐

Grammatical Structures
You should know:

- imperfect of regular and irregular verbs ☐
- superlatives ☐
- question words ☐

PRONUNCIACIÓN

Listen to your instructor pronounce the following sentences, then practice with a partner.

En México excelentes expertos explican a excelentes expertos que para ser excelentes expertos no hay que ser excelentes expertos en México, sino excelentes expertos mexicanos en México.

LISTENING COMPREHENSION: ¿Qué pasa en la playa?

The first time you hear the description, write the names of the people mentioned on the drawing. The second time, listen for the answers to the questions below the drawing.

1. ¿Adónde van a ir Guillermo y Lourdes esta noche?
2. ¿Jugó Inés vólibol el año pasado? ¿Por qué?
3. ¿Por qué está preocupado Rolando?
4. ¿Qué debe hacer el Sr. Bravo en vez de leer el periódico?

LISTENING COMPREHENSION: Trabajando en casa

Listen as your instructor describes the household chores of the Pacheco family. The first time you hear the description, identify the people below by writing each person's name next to him/her. Also listen for what chores each person has already done and what s/he still needs to do, and write them next to the person's name. The second time, listen for the answers to the true-false statements below.

¿Cierto o falso?

1. Los Pacheco están limpiando ahora porque tuvieron una fiesta grande anoche.

2. Miguel no es un chico muy organizado.

3. Lydia tiene que planchar la ropa de la familia entera.

4. A Lydia le encanta planchar.

5. La Sra. Pacheco no ayuda en casa hoy porque está enferma.

6. A Lydia no le importa tener un cuarto ordenado.

7. El Sr. Pacheco no piensa lavar el coche solo.

8. El Sr. Pacheco ya puso la mesa.

EL IMPERFECTO: Introducción

The imperfect (**A**) sets the scene by providing background information; (**B**) describes what was going on in the past before something else happened; (**C**) describes people, places, things, and emotions in the past; and (**D**) explains habitual actions in the past.

A. Set the scene by providing background information about time, weather, and age. Use the imperfect for each of the following pictures.

1. _____

2. _____

3. _____

4. _____

B. Describe what was going on before something else happened. Use the imperfect to tell what each person in the house was doing before la tía Tatiana arrived.

1. Beatriz _____

2. Tomás _____

3. Inés _____

4. Gregorio _____

C. Describe physical and emotional conditions in the past. Use the imperfect to describe Leo's room, how Rosa, Mari, and Diego looked at the prom, and how Rafael felt while watching the movie.

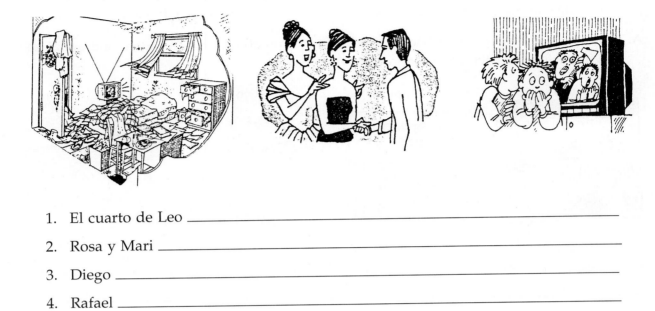

1. El cuarto de Leo _____

2. Rosa y Mari _____

3. Diego _____

4. Rafael _____

D. Talk about habitual actions in the past. Use the imperfect to describe what Pablo used to do when he was young. Mention five activities.

_____

_____

_____

_____

PRÁCTICA: El imperfecto

A. <u>Mi niñez en México</u>

Cuando yo (ser) 1._____ joven, (vivir) 2._____ en Jalapa, México. Todos los domingos mi familia (ir) 3._____ a la casa de mis abuelos para almorzar. Al llegar, mi padre 4._____ (hablar) con mis tíos sobre las noticias, y mi madre y sus hermanas (ayudar) 5._____ a mi abuela en la cocina. Nosotros (comer) 6._____ a las tres de la tarde y después (jugar) 7._____ un rato en el patio. ¡Qué recuerdos más lindos! Pero cuando yo (tener) 8._____ 16 años, nos mudamos a la capital y sólo (volver) 9._____ a Jalapa para pasar la Navidad. ¡Qué triste!

B. <u>De vacaciones en Chile</u>

De niña, yo (tener) 1._____ muchas oportunidades de viajar porque mi padre (trabajar) 2._____ para IBM Internacional. Todos los años mi familia (ir) 3._____ a Viña del Mar para el mes de enero. Nosotros (salir) 4._____ tres días después de la Navidad y (volver) 5._____ el primero de febrero. Mis hermanos y yo (pasar) 6._____ el invierno jugando en las playas chilenas. (Divertirse - nosotros) 7._____ muchísimo.

C. <u>Paco y Paquito.</u> Paco is always complaining about his son Paquito's behavior. But Paco's mother says that Paco used to act the same way. Rewrite the paragraph about Paquito to explain what Paco used to do, according to his mother.

Cada mañana Paquito apaga el despertador y duerme media hora más. No desayuna bien y sale de la casa corriendo. Llega tarde a la escuela y no escucha a la maestra. Nunca hace su tarea y por eso tiene que quedarse en la escuela hasta las cinco cada día.

Paco, cada mañana tú también _____

_____

_____

_____

_____

SUPERLATIVOS (I)

A. <u>En mi opinión</u>. Complete the sentences, expressing your opinions.

1. El mejor mes del año es _____, porque _____
   _____

2. La peor actriz en Hollywood es _____ . Sin embargo
   (*nevertheless*), _____

3. El peor quehacer doméstico es _____. Por eso, _____
   _____

4. El mejor programa de televisión es _____, porque _____
   _____

5. El país latinoamericano más interesante es _____, porque
   _____

6. El día festivo menos divertido es _____. Sin embargo,
   _____

B. <u>Más opiniones</u>. From the items in each group, write one sentence in Spanish using the superlative construction.

MODELO: **actores**   Ben Affleck / Matt Damon / Johnny Depp (guapo)
                         Johnny Depp es el más guapo de los tres actores.

1. **quehaceres**   barrer el suelo / planchar la ropa / sacar la basura (difícil)

2. **deportes**   el ciclismo / la natación / el esquí acuático (interesante)

3. **pasatiempos**   dar un paseo / hacer un picnic / jugar a las cartas (aburrido)

4. **las vacaciones**   Acapulco / Colorado / Nueva York (divertido)

5. **aparatos**   el horno de microondas / la estufa / el lavaplatos (necesario)

SUPERLATIVOS (II)

Look at the drawings below. Who is the most or least _____ ? Write eight sentences about what you see in the pictures, using the superlative construction.

1. _____

2. _____

3. _____

4. _____

1. _____

2. _____

3. _____

4. _____

PRÁCTICA: Las palabras interrogativas

I. <u>Los quehaceres</u>. Complete the questions about the drawing below with the correct missing interrogative word. Then answer the questions, using the drawing and your imagination.

1. ¿_____ platos sucios hay en la cocina?

2. ¿_____ están enojados los padres?

3. ¿_____ hay debajo del sofá?

4. ¿A _____ le toca sacar la basura?

5. ¿_____ le toca hacer a Armando?

6. ¿_____ es el quehacer que menos le gusta a Dalila?

7. ¿_____ fueron los padres?

8. ¿_____ es el problema entre Dalila y Armando?

II. <u>¿Cuál(es)?</u> vs. <u>¿Qué?</u> Complete the questions below with the correct interrogative, then answer each based on your own experiences.

1. ¿_____ haces en tus ratos libres?

2. En tu opinión, ¿_____ es el pasatiempo más aburrido?

3. ¿_____ eran tus pasatiempos favoritos cuando eras niño/a?

4. ¿_____ programas de televisión te gustaban más?

5. ¿_____ película quieres ver este fin de semana?

6. ¿_____ tenías que hacer en casa cuando eras niño/a?

7. ¿_____ te toca hacer en casa hoy?

8. En tu opinión, ¿_____ aparato doméstico es el más necesario?

REPASO: CAPÍTULO 9

I. <u>Vocabulario</u>

A. <u>¿Qué puedes hacer?</u> What activities can you do in the following situations? Choose at least two activities from Chapter 9.

1. Quieres estar afuera.

2. Necesitas hacer un poco de ejercicio.

3. Tienes ganas de quedarte en casa.

4. Te gustaría escuchar un poco de música.

5. Quieres hacer algo con un grupo de amigos.

6. Hace mucho calor.

B. <u>Los quehaceres domésticos.</u> Explain what chores you do and don't do around the house or apartment. Mention at least four chores.

_____

_____

_____

_____

C. <u>Faltan palabras.</u> Complete the following passage with the Spanish equivalents of the English words in parentheses.

En el mundo hispano, los (*pastimes*) _____ son tan variados y numerosos como en los Estados Unidos. Las (*activities*) _____ pueden variar, pero hay aficiones que son muy populares en todo el mundo hispano: (*going to the movies*) _____, el baile, las visitas y los (*sports*) _____. El (*cycling*) _____, el boxeo y el (*soccer*) _____ son los deportes preferidos. Y en México, el Caribe y Venezuela, el (*baseball*) _____ es una locura.

En la América Latina y España, no se televisan (*games*) _____ con la misma frecuencia que en los EE.UU., pero hay excepciones: las Olimpiadas, los Juegos Panamericanos y la Copa Mundial de fútbol. Casi todos los países del mundo hispano tienen (*teams*) _____ que participan en esta competición. Cuando (*plays*) _____ el equipo nacional, todos los (*fans*) _____ tratan de estar delante del televisor, y si su equipo (*wins*) _____, hay grandes fiestas y celebraciones por todo el país.

II. Gramática

A. <u>¿Qué hacían cuando alguien llamó a la puerta?</u> Write what everyone was doing when someone knocked on the door.

1. Tomás

2. Nuria y Benito

3. El Sr. Cárdenas

4. Teresa y Roberto

5. La Sra. Cárdenas

B. <u>En el pasado...</u> Contesta en español.

1. ¿Cómo eras cuando tenías quince años?

2. ¿Dónde vivías antes de ir a la universidad?

3. ¿Cómo era tu colegio?

4. ¿Qué te gustaba hacer cuando eras niño/a?

5. ¿Qué hacías anoche a las siete? ¿Y a las doce?

C. <u>Los superlativos</u>. Answer the following questions in Spanish.

1. What is the worst class you have this year?

2. Where can you eat the best Mexican (Chinese, Italian) food in town?

3. Who is the smartest person you know?

4. What is the most difficult sport?

5. What was the funniest movie you saw last year?

D. <u>Las palabras interrogativas</u>. Leticia is telling you about her weekend plans. Create a logical question for each of her answers.

1. Tú: ¿_____?
   Leticia: Este fin de semana, voy a un concierto.

2. Tú: ¿_____?
   Leticia: El grupo se llama "Los Romanceros".

3. Tú: ¿_____?
   Leticia: Ellos tocan música tejana y mexicana.

4. Tú: ¿_____?
   Leticia: Van a tocar en el Club Paraíso.

5. Tú: ¿_____?
   Leticia: Las entradas cuestan 20.00 dólares.

6. Tú: ¿_____?
   Leticia: El nombre de su nuevo CD es "Contigo siempre".

III. Diálogos

Write a short dialogue based on one of the following topics. Be prepared to role-play your dialogue with a classmate for the class.

1. You're trying to set up a blind date between Alicia, a great athlete and sports fan, and Fernando, a heavy-duty partier. Create a conversation in which you call up either Fernando or Alicia and:
   • describe the other person to him/her;
   • suggest what they could do on a date;
   • recommend that Fernando/Alicia call the other person.

2. You've just found out that you will be living with a Latin American exchange student next semester. Call up this person and create a conversation in which you:
   • explain who you are and why you've called;
   • describe your daily routine;
   • ask which household chores s/he can do.

Key Language Functions: Description, Comparison, Expressing Likes and Dislikes, Narration in the Past

At this point in the course you should be able to describe, compare, discuss likes and dislikes, and talk about the past. The chart below shows the linguistic tools needed to perform these four key language functions accurately.

D DESCRIBIR	To construct a description →	Vocabulary →	Linguistic Tools Needed: • **ser** vs. **estar** • noun-adjective agreement
C COMPARAR	To construct a comparison →	Vocabulary →	Linguistic Tools Needed: • noun-adjective agreement • **más/menos...que** • **tan...como** • **tanto/as/os/as...como**
G GUSTOS	To construct a statement → expressing likes and dislikes	Vocabulary →	Linguistic Tools Needed: • **Gustar**-type constructions • Indirect-object pronouns
P PASADO	To construct a description → in the past	Vocabulary →	Linguistic Tools Needed: • Imperfect

Take turns with a partner talking about the following topics. Remember to pay attention to the linguistic tools (the grammar rules) you need to express these key language functions accurately

- Describe what your apartment or dorm room looks like the week of finals.
- Describe how you and your best friend celebrate your birthdays. Include what you give each other and how you make the day special.

- Compare Christmas in the U.S. and Christmas in Latin America.
- Compare two sports.

- Tell what your mother likes about the holidays and what bothers her about them.
- Tell what you like about Valentine's Day and what bothers you about this holiday.

- Tell what you were like when you were 13. Include what things you used to do at that age.
- Tell what you used to do during your favorite holiday when you were a child.

Speaking Activities

GUIDED WRITING AND SPEAKING:
En un parque de Buenos Aires

A. Using the picture and your imagination answer the following questions in complete Spanish sentences. Pay careful attention to the way the questions are phrased in order to use the correct structures in your answers.

1. What is Pablo doing at this moment?
2. Who bought Javi a balloon? (**el globo** = balloon)
3. What does Lola have to do later?
4. What did Marta like to do when she was little?
5. What are Juan and his friends doing?
6. Why did Luis invite Mari to the park?
7. What was Luis' old girlfriend like?
8. Who is the strangest person in the park today?
9. What plans are Lola and Marta making for the weekend?
10. What did they do last weekend?

B. Write a short paragraph describing what Marta and Lola used to do on the weekends before they had children.

C. With a partner, role-play a dialogue between any two characters in the drawing.

BINGO: ¿Qué hiciste?

_____ tomó una siesta ayer.	_____ fue a México en marzo.	_____ dio una fiesta hace poco.	_____ miró la tele anoche.	_____ compró algo ayer.
_____ no asistió a clase la semana pasada.	_____ salió con unos amigos anoche.	_____ comió en McDonald's esta semana.	_____ visitó a su familia hace poco.	_____ cenó en un restaurante la semana pasada.
_____ escribió una carta ayer.	_____ llegó tarde a clase ayer.	_____ se acostó tarde el sábado.	_____ no estudió anoche.	_____ tomó un café esta mañana.
_____ perdió algo la semana pasada.	_____ leyó el periódico esta mañana.	_____ fue de compras el fin de semana pasado.	_____ fue a la biblioteca anoche.	_____ hizo algo interesante el domingo.
_____ tuvo una cita el viernes.	_____ habló por teléfono ayer.	_____ hizo un viaje el año pasado.	_____ vio una película buena.	_____ tomó un examen ayer.

Information Gap Activity: La familia Ybarra
(Compañero/a #1)

The chart below shows some of the things the Ybarra family used to do when they lived in Madrid a few years ago. Ask your partner questions about the activities of different family members, and fill in the missing pieces of information on your chart. Answer your partner's questions using the information you already have on your own chart. When you've finished, check with your partner to make sure you've gotten the correct answers.

MODELO   Tu compañero/a: ¿Qué hacía Margarita los viernes por la noche?
                   Tú: Ella leía novelas en casa.

El viernes por la noche	El sábado por la mañana	El domingo por la tarde
Margarita	Margarita	Margarita y Pedro
Pedro	Pedro	Margarita y Pedro
Amanda y sus amigos	Amanda y Graciela	Amanda y Graciela
Guillermo	Guillermo	Guillermo

Information Gap Activity: La familia Ybarra
(Compañero/a #2)

The chart below shows some of the things the Ybarra family used to do when they lived in Madrid a few years ago. Ask your partner questions about the activities of different family members, and fill in the missing pieces of information on your chart. Answer your partner's questions using the information you already have on your own chart. When you've finished, check with your partner to make sure you've gotten the correct answers.

MODELO   Tu compañero/a: ¿Qué hacían Margarita y Pedro los domingos por la tarde?

                  Tú: Ellos daban un paseo en el parque.

El viernes por la noche	El sábado por la mañana	El domingo por la tarde
Margarita	Margarita	 Margarita y Pedro
 Pedro	 ¡Dale, Guillermo! Pedro	Margarita y Pedro
Amanda y sus amigos	 Amanda y Graciela	Amanda y Graciela
Guillermo	 Guillermo	 Guillermo

CAPÍTULO
10

Communicative Goals for Chapter 10

By the end of the chapter you should be able to:

• talk about your health	❏
• talk about past actions and events	❏
• express reciprocal actions	❏

Grammatical Structures

You should know:

• use of the preterite and imperfect	❏
• relative pronouns	❏
• reciprocal pronouns	❏

PRONUNCIACIÓN

Listen as your instructor reads these Spanish sayings related to parts of the body, then repeat. Match the Spanish expression with its English equivalent.

_____ 1. Se escapó por los pelos.

_____ 2. Ni tiene pies ni cabeza.

_____ 3. Está para chuparse los dedos.

_____ 4. Más ven cuatro ojos que dos.

_____ 5. Más vale un pájaro en mano que cien volando.

_____ 6. A donde el corazón se inclina, el pie camina.

_____ 7. En boca cerrada no entran moscas.

_____ 8. Ojos vemos, corazones no sabemos.

_____ 9. Estar hasta las narices.

a. A bird in the hand is worth two in the bush.

b. To have had it up to here.

c. Where the heart leads, the feet follow.

d. I can't make heads or tails of it.

e. You can see someone's face, but you can't know his heart.

f. Two heads are better than one.

g. It's finger-licking good.

h. He made it by the skin of his teeth.

i. Flies can't go into a mouth that's kept closed.

LISTENING COMPREHENSION: El examen de Juan

Look over the **cierto** / **falso** statements and then listen to the story about Juan's dilemma.

_____ 1. A Juan le dolía la cabeza porque estudiaba mucho.

_____ 2. Decidió ir al hospital porque no quería tomar el examen de español.

_____ 3. El médico notó inmediatamente que Juan estaba muy enfermo.

_____ 4. Después de ver a Juan, el médico salió del cuarto y habló con otra doctora.

_____ 5. Cuando Juan oyó que los dos médicos hablaban de una operación, llamó a su maestro.

_____ 6. Juan decidió tomar el examen.

PRÁCTICA: Introduction to Preterite vs. Imperfect

Look at the drawing below, then read the questions. Would the underlined verbs in each question be expressed with preterite or imperfect? Which verbs are the correct choices for the answers?

1. What <u>was</u> Sofía's dress like?
(Fue / Era) un vestido negro y elegante.

2. Who <u>called</u> Marina?
La (llamó / llamaba) Jorge.

3. Whom <u>did</u> Esteban <u>meet</u> at the party?
(Conoció / Conocía) a Patricia.

4. What <u>did</u> Gema <u>bring</u> to the party?
(Trajo / Traía) una botella de champán.

5. How <u>was</u> Jorge <u>feeling</u>?
(Se sintió / Se sentía) bastante mal.

6. <u>Did</u> he <u>have</u> a stomachache or a headache?
(Tuvo / Tenía) un dolor de cabeza horrible.

7. What <u>was</u> Marina <u>doing</u> when the phone <u>rang</u>?
Ella (sirvió / servía) unas botanas cuando (sonó / sonaba) el teléfono.

8. What time <u>was</u> it when the party <u>started</u>?
(Fueron / Eran) las ocho cuando (empezó / empezaba) la fiesta.

9. What <u>did</u> Javier's daughter <u>want</u> to do?
(Quiso / Quería) jugar con su hermanita.

10. What <u>was</u> Javier's daughter doing while he <u>was talking</u> to Paco?
Ella (lloró / lloraba) mientras su papá (habló / hablaba) con Paco.

11. How many glasses of champagne <u>did</u> Ernesto <u>have</u>?
(Tomó / Tomaba) 5 copas de champán.

12. Why <u>was</u> Sultán, the dog, happy?
(Estuvo / Estaba) contento porque le gustan las fiestas.

PRÁCTICA: El examen de Regina

Complete the passage using the preterite and imperfect. Use the pictures to help you decide which tense is the correct choice.

(Ser) 1._____ las nueve de la mañana cuando Regina (empezar) 2._____ a estudiar para su examen de historia.

Su compañera (levantarse) 3._____ a las once, (llamar) 4._____ a su novio y (poner) 5._____ la música muy alta. Regina no (estar) 6._____ contenta porque (tener) 7._____ que estudiar más.

(Tomar) 8._____ el examen a la una. (Estar) 9._____ muy tensa porque el examen (ser) 10._____ muy largo.

El día siguiente cuando (entrar) 11._____ en el salón para ver su examen, (estar) 12._____ muy nerviosa.

Pero (sacar) 13._____ una "A". (Estar) 14._____ contentísima.

PRÁCTICA: Una visita al médico

Juanito had to go to the doctor for a checkup yesterday. Tell what happened, using the pictures and the verbs below as a guide. Write at least two sentences for each picture. Include one preterite and one imperfect verb in each sentence.

1. llegar / estar nervioso

2. hablar con la enfermera / sentirse mal

3. escribir / esperar

4. examinar / no tener miedo

5. dar medicina / no querer

6. salir / estar contento

PRÁCTICA: More Preterite vs. Imperfect

Here are 6 preterite vs. imperfect paragraphs. Check your answers at the end.

Paragraphs 1 and 2: Choose the correct verb form according to the context.

1. Anoche yo (fui / iba) a la biblioteca con mi compañero de cuarto. Mientras nosotros (estudiamos / estudiábamos) un viejo amigo mío (entró / entraba) a la biblioteca. Nosotros (hablamos / hablábamos) con él una hora y después (salimos / salíamos) de la biblioteca. (Fueron / Eran) las 9:30 cuando (llegamos / llegábamos) a la parada del autobús. (Tomamos / Tomábamos) el autobús y nos (dejó / dejaba) en frente de nuestra casa.

2. (Eran / Fueron) las 9 de la mañana cuando Felipe (salió / salía) de su casa para tomar el desayuno. No (tuvo / tenía) prisa y por eso mientras (andaba / anduvo) por la calle (fumó / fumaba) un cigarillo. Cuando (llegó / llegaba) al restaurante (entró / entraba). La camarera le (trajo / traía) el menú pero Felipe no (tuvo / tenía) mucha hambre y solamente (quiso / quería) café. Cuando la camarera (volvió / volvía) para tomar su pedido, él (pidió / pedía) un café con leche y unas tostadas.

Paragraphs 3-6: Complete with the preterite or imperfect.

3. El viernes pasado mi profesor de sociología (decir) _____ que nosotros (ir) _____ a tener un examen dentro de algunos días. Después de la clase, (decidir - yo) _____ ir a la biblioteca para leer el libro que (estar) _____ en la lista de reserva. Se lo (pedir - yo) _____ a la señorita y ella me lo (traer) _____ después de unos minutos. (Haber) _____ muchos estudiantes allí que (leer) _____ sus textos. Cuando (ser) _____ las cinco, (regresar - yo) _____ a mi casa para estudiar más.

4. Nuestro amigo Pancho tuvo mala suerte ayer. (Despertarse) _____ con un dolor de cabeza y (llegar) _____ tarde a la clase de español, a las 8:30. ¡(Tener) _____ mucho sueño! En la clase, mientras la profesora (hablar) _____, Pancho (dormirse) _____ y (empezar) _____ a roncar (snore). De repente el libro de la profesora (caerse) _____ al suelo. ¡PLAS! La profesora (gritar) _____: "¡No se puede dormir en mi clase! ¡Fuera de aquí!" Pancho (levantarse) _____ y mientras (caminar) _____ hacia la puerta los estudiantes (reírse) _____.

5. (Hacer) _____ mucho frío y viento. (Ser) _____
una noche típica de invierno. Yo (leer) _____ el periódico
mientras mi esposo (preparar) _____ la cena. De repente él
(empezar) _____ a gritar. (Ir - yo) _____ a la
cocina y le (preguntar) _____: "¿Qué te pasa?" Él (decirme)
_____ que un ratón (correr) _____ por la cocina.
Él (tener) _____ miedo y yo también. ¡No me gustan los ratones!

6. (Ser) _____ las nueve de la mañana cuando (llegar - yo)
_____ a la universidad. Por lo general, yo (levantarme)
_____ muy temprano para las clases, pero ese día (dormir)
_____ hasta muy tarde. Cuando por fin (entrar)
_____ a la cafetería estudiantil, (encontrar)
_____ a dos personas que (conversar) _____ y
(tomar) _____ café. No los (conocer - yo)
_____ pero les (preguntar - yo) _____: "Por qué
no hay gente aquí?" Ellos me (contestar) _____ que era porque era
sábado.

Preterite vs. Imperfect Answers

1. fui - estudiábamos - entró - hablamos - salimos - eran - llegamos - tomamos - dejó

2. Eran - salió - tenía - andaba - fumaba - llegó - entró - trajo - tenía - quería - volvió - pidió

3. dijo - íbamos - decidí - estaba - pedí - trajo - Había - leían - eran - regresé

4. Se despertó - llegó - tenía - hablaba - se dormía o se durmió - empezó - se cayó - gritó - se levantó - caminaba - se reían

5. Hacía - era - leía - preparaba - empezó - fui - pregunté - me dijo - corría - tenía

6. Eran - llegué - me levantaba - dormí - entré - conversaban - tomaban - conocía - pregunté - contestaron

¿QUE, QUIEN, QUIENES O LO QUE?

Complete each sentence with the correct relative pronoun.

REMEMBER:
1. **que** is almost always used
2. when talking about a person, use **quien** after a preposition (de, en, con, a, acerca de, etc.)
3. **lo que** = *the thing(s) that, what*

1. Ése es el carro _____ queremos comprar: el nuevo Honda Civic. Mi hermana, _____ tiene uno igual, dice que le gusta mucho. Y una mujer con _____ hablamos en el supermercado está muy contenta con el suyo.

2. El programa _____ más me gusta es "El Barrio del Sr. Rogers". _____ más me encanta del Sr. Rogers es su sentido del humor. Creo que el Sr. Rogers fue un hombre _____ siempre entendió muy bien a los niños.

3. Los estudiantes _____ hicieron la tarea sacaron mejor nota en el examen. La profesora, con _____ hablé ayer, dijo que las notas eran bajísimas. _____ a mí me pareció muy difícil fue la sección de verbos.

4. Mamá, Papá, ésta es la mujer con _____ me quiero casar. Se llama Laura. Queremos invitarlos a la boda, _____ va a ser en junio. Los padres de Laura, a _____ llamamos anoche, están muy contentos.

5. Aquéllos son los chicos de _____ te hablé. El chico _____ lleva camisa anaranjada se llama Javier y el muchacho bajito con _____ está hablando ahora se llama Mauricio.

6. Éste es el restaurante _____ tanto me gustó. _____ más me gusta de este lugar son las ensaladas.

7. No hay nadie a _____ yo le pueda explicar el problema. Mis amigos Roberto y Jaime, con _____ hablé anoche, no me entendieron. El problema, _____ es muy complicado, les aburre a mis amigos.

8. No hay nada aquí _____ podamos comer. _____ pasa es que somos todos vegetarianos. ¿Por qué no vamos a ese café macrobiótico _____ tanto te gusta?

9. ¿Sabes _____ me dijo Conchita? Me dijo que Lupe, con _____ salía Paco antes, sale ahora con Ricardo. _____ más me sorprende es que Lupe salga con un chico tan egoísta.

PRÁCTICA: Reciprocal pronouns

Complete the passage about Romeo and Juliet with the correct form of the verbs in parentheses. You may use preterite, imperfect, or the infinitive, according to the context. Remember to use the correct reflexive pronoun to express the reciprocal action.

Al comienzo de la historia, Romeo y Julieta no (conocerse) 1._____.

Ellos (verse) 2._____ por la primera vez una noche en una fiesta en la casa

de Julieta. Esa misma noche, después de la fiesta, Romeo fue a la casa de Julieta. La vio

en el balcón de su alcoba, y los jóvenes (hablarse) 3._____ por varias horas.

(Decirse) 4._____ muchas palabras de amor y descubrieron que (quererse)

5._____ muchísimo. Cuando por fin Romeo se fue, él y Julieta (darse la

mano) 6._____ en una escena muy romántica.

Pero había un problema muy grave: las familias de Romeo y Julieta eran grandes

enemigos. Los Capulet y los Montague (odiarse) 7._____ desde hace siglos

(_for centuries_). A pesar de eso, Romeo y Julieta decidieron casarse. Una tarde, ellos

(encontrarse) 8._____ en el monasterio del buen fraile (_friar_) Lorenzo, y él

los casó. Después de la ceremonia, los novios (besarse) 9._____

apasionadamente. Por desgracia, Romeo tuvo que salir de Verona. Pero él y Julieta

(escribirse) 10._____, y en sus cartas, planearon cómo iban a (verse)

11._____ otra vez.

Todos sabemos cómo termina la trágica historia de Romeo y Julieta. Lo único

bueno de este doble suicidio fue la reconciliación de sus familias. Mientras lloraban, el

padre de Romeo y el padre de Julieta (abrazarse) 12._____. Ellos (decirse):

13._____ "Nuestros hijos (quererse) 14._____ tanto. No

seamos (_Let's not be_) enemigos más". Así ellos (prometerse) 15._____

ser amigos en el futuro, para siempre.

REPASO: CAPÍTULO 10

I. Vocabulario

A. ¿Cuál de las medicinas usas para los siguientes síntomas?

_____ 1. una fiebre
_____ 2. una tos
_____ 3. el mareo
_____ 4. la indigestión
_____ 5. un ataque de nervios
_____ 6. un dolor de garganta
_____ 7. los ojos irritados
_____ 8. la nariz congestionada

a. Visine
b. Tylenol
c. Dristan
d. Hall's
e. Dramamine
f. Preparation H
g. Valium
h. Maalox
i. Robitussin

II. Gramática

A. Verbos. Complete the passage about Raquel and Paco's date with the correct form of the preterite or imperfect according to the English cues in parentheses. Read the passage before starting, and mark each verb with "p" or "i" depending on the context. After completing the passage, answer the questions.

Vocabulario: **no pegar ojo** = not to sleep a wink
                         encendidos/as = turned on, lit up

Cuando (_they arrived_) 1._____ al restaurante, Raquel (_ordered_)

2._____ una limonada porque (_she had_) 3._____ muchísima sed.

Después de servirle la limonada, el camarero les (_brought_) 4._____ el menú.

Paco no (_know_) 5._____ qué pedir porque no (_was familiar with_)

6._____ el restaurante. El camarero les (_recommended_) 7._____ el pollo

con salsa mole, la especialidad de la casa, pero Raquel (_decided_) 8._____ probar

los camarones y Paco (_ordered_) 9._____ las enchiladas.

Raquel y Paco (_waited_) 10._____ media hora para su cena porque (_there

were_) 11._____ mucha gente en el restaurante. Paco (_was_) 12._____ un

poco nervioso, porque los dos (_were going_) 13._____ al cine después y él no

(_wanted_) 14._____ perder parte de la película. Por fin (_arrived_)

15._____ la cena. Todo (_was_) 16._____ riquísimo. Cuando (_they *finished*) 17._____ de cenar, Paco le (*asked*) 18._____ a Raquel si (*she wanted*) 19._____ postre. Raquel (*said*) 20._____ que (*she preferred*) 21._____ tomar un helado después de la película. (*They paid*) 22._____ la cuenta y (*they walked*) 23._____ al cine, donde (*they were showing*/dar) 24._____ "Hannibal".

A Raquel le (*pleased*/gustar) 25._____ la película aunque (*she had*) 26._____ mucho miedo. (*She thought*) 27._____ que los actores (*were*) 28._____ excelentes, pero le (*told*) 29._____ a Paco que no (*she was going*) 30._____ a pegar ojo en toda la noche por causa del miedo. Paco (*said*) 31._____ que (*it was*) 32._____ una película muy tonta y que él no (*had*) 33._____ miedo. Pero eso no (*was*) 34._____ cierto. ¡Cuando él (*returned*) 35._____ a casa, (*he spent*) 36._____ la noche entera con las luces de su habitación encendidas!

Preguntas

1. ¿Qué quería tomar Raquel antes de cenar, y por qué?

2. ¿Por qué tuvieron que esperar media hora para la cena?

3. ¿Qué quería hacer Raquel después de la película?

4. ¿El cine estaba lejos o cerca del restaurante?

5. ¿Cómo le pareció la película a Raquel? ¿Y a Paco?

6. ¿Qué hizo Paco después de volver a casa?

B. Acciones recíprocas. Beatriz, Mónica and Lupe are gossiping about past and present couples. Complete their conversation with the correct form of the verb in parentheses.

Beatriz: ¿Cuándo (conocerse) 1._____ Rafael y Silvia?

Mónica: Creo que el año pasado, en una boda.

Lupe: Sí. Fue cuando (casarse) 2._____ Margarita y Ramón, ¿se acuerdan Uds.?

Mónica: Sí... Rafael y Silvia (verse) 3._____ por primera vez en la recepción. Mi amigo Lourdes dice que ellos (mirarse)

4._____ toda la noche. Por fin Rafael invitó a bailar a

Silvia, pero los dos estaban tan nerviosos que bailaron una hora y no

(hablarse) 5._____.

Beatriz: Pues, cuando los veo ahora, siempre están (hablarse)

6._____, (abrazarse) 7._____ o (besarse)

8._____.

Lupe: Sí, están muy enamorados. (Quererse) 9._____ mucho y

creo que van a (casarse) 10. _____ en octubre.

C. Los pronombres relativos. Complete the passage with the correct relative pronoun, according to the context.

Mi gata, 1._____ se llama Dafne, es muy cómica. 2._____ me parece más

cómico de ella es que piensa que es una tigresa o una leona. Pero en realidad, es una

gatita joven y muy chiquita. A veces, Dafne hace cosas 3._____ después resultan

un poco complicadas. Por ejemplo, le fascinan las ardillas (*squirrels*) y siempre trepa los

árboles (*climbs the trees*) detrás de mi casa, intentando cazarlas (*to hunt them*). Pero las

ardillas, 4._____ son muy rápidas, se le escapan. Y Dafne, 5._____ a veces

trepa árboles muy altos, no puede bajarse fácilmente. ¡Pobre gatita! Mi esposo,

6._____ juega con la gata muchísimo, dice que es muy inteligente. Y dos amigos

míos, a 7._____ no les gustan los gatos por lo general, creen que Dafne es una gata

realmente excepcional.

III. Diálogos. You are sick again with the same illness you had last year at this time of year. You know which medicine you should take, but you have to go to see the doctor anyway to get the prescription. Write a dialogue between you and your doctor explaining:

a) how you felt last year;
b) how you are feeling right now;
c) and which medicine you think you should take to get rid of this illness.

GUIDED WRITING AND SPEAKING: Ayer en el hospital

A. Using the picture and your imagination, answer the following questions about what happened yesterday in the hospital in complete Spanish sentences. Pay careful attention to the way the questions are phrased in order to use the correct structures in your answers.

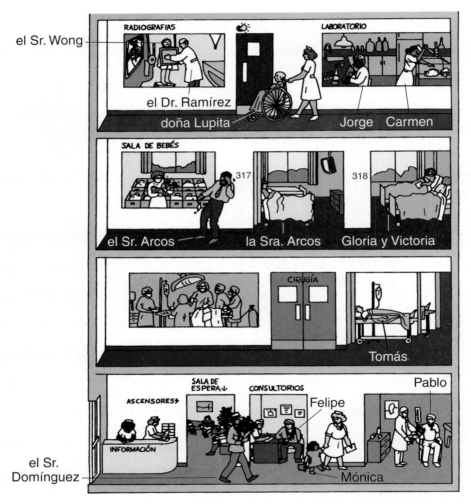

1. Why was el Sr. Wong worried?
2. What did el Dr. Ramírez do?
3. How was doña Lupita feeling yesterday?
4. How did el Sr. Arcos feel when he saw the triplets (**trillizos**)?
5. What was la Sra. Arcos doing while her husband was in the hallway?
6. What happened to Tomás?
7. Where was the nurse going with Mónica?

B. Imagine you're an intern at the hospital. Write a 100-word report about what happened while you were on duty last night.

C. With a partner, role-play a dialogue between any two characters in the drawing.

BINGO: La salud

_____ lleva una vida tranquila.	_____ quiere ser médico.	_____ hace ejercicios aeróbicos todos los días.	_____ tiene un resfriado hoy.	_____ come una dieta equilibrada.
_____ duerme 8 horas al día.	_____ practica muchos deportes.	_____ tiene dolores de cabeza frecuentemente.	_____ necesita hacerse un chequeo pronto.	_____ lleva gafas.
_____ es alérgico/a a los perros.	_____ tiene mucho miedo de las inyecciones.	_____ camina a la universidad todos los días.	_____ dejó de fumar el año pasado.	_____ tiene una cita con el médico esta semana.
_____ corre 2 millas todos los días.	_____ trabaja en una farmacia.	A _____ le gustaría ser enfermero/a.	_____ siempre se marea cuando viaja en coche.	_____ quiere ser dentista.
A _____ le duele la garganta hoy.	A _____ le aburre guardar cama.	_____ está un poco congestionado/a.	_____ tiene miedo de los dentistas.	_____ no descansa lo suficiente.

Communicative Goals Practice #5

Try to talk about the scene below for 75 seconds. "Show off" all you have learned up to this point in the semester. Check the **Communicative Goals** boxes at the beginning of each chapter of your Supplement to see all that you should be able to do. For this oral proficiency practice, some of the possible categories are listed below. Try to use connectors (**porque, pero, y, también, por eso**) to make your description sound more fluent and natural.

1. description (age, personality, physical appearance, clothing)
2. likes and dislikes
3. what these people usually do on weekends

4. what they did last week
5. how they felt
6. future plans

After you've finished your description, imagine you are talking to the characters in the drawing. Ask at least two questions to one or more characters.

CAPÍTULO
11

Communicative Goals for Chapter 11
By the end of the chapter you should be able to:

- talk about accidents, injuries and problems ❑
- tell how long something has been happening or how long ago something happened ❑
- talk about how things are done ❑

Grammatical Structures
You should know:

- **hace...que** ❑
- **se** + indirect object pronoun ❑
- **por y para** ❑
- adverbs ❑

PRONUNCIACIÓN

A. Listen carefully and repeat the following sound groups after your instructor.

llamo	lleno	lligues	lloro	lluvia
yace	yeso	yi	yoyo	yunque
padre	peso	piña	poco	puso
cada	queque	quita	coco	cuna
hado	hecho	hipo	hombre	humo
zaga	cebra	cima	zopo	zurdo
dado	dedo	dido	dodo	dudo

B. Practice these sentences with a partner.

1. Yolanda Illade llevó una blusa amarilla al castillo.

2. Paula puso pocas papas en la parrilla porque su papá las puso en la tortilla ayer.

3. La duquesa quiere quinientos quesos del quiosco de Quique.

4. Ibiza es una isla sin ninguna zona sucia.

5. Ahora hay hasta veinte huéspedes en este hotel hondureño que quieren hielo en sus habitaciones dentro de una hora.

6. David duda que el dentista danés haya descansado después de haber sacado los dos dientes de Daniel Dorado.

LISTENING COMPREHENSION: Accidentes y travesuras

You will hear a series of short passages about the people in the drawings below. The first time you listen, identify each person or group by writing their names next to the corresponding drawing. The second time, listen for the details you need to correct the false statements below.

Now correct these statements based on what you hear.

1. Pedro tiene una cita con el dentista esta tarde.
2. La fecha límite para el proyecto de Pedro fue ayer.
3. Los hijos de Cristina no se olvidaron de su cumpleaños.
4. Jorge siempre tiene mucho cuidado en la cocina.
5. A Fernanda y Juan se les perdieron sus jerseys en la playa.
6. Isa odia su trabajo, y va a buscar otro muy pronto.
7. Roberto no sabe qué decir porque llegó muy tarde a la fiesta.

PRÁCTICA: ¿Cuánto tiempo hace que...?

To express . . .	Use . . .
An ongoing action in the present	**Hace** + period of time + **que** + present tense
How long ago something happened	Hace + period of time + que + preterite OR Preterite + **hace** + period of time

I. <u>Ongoing actions</u>. First, complete the chart below with the number of years the actions listed have been ongoing in your life. Then write a sentence about these actions, using **hace...que**.

Acción	¿Cuántos años?	Frase
tener un perro o un gato	5 años	Hace 5 años que tengo un gato.
ser estudiante		
saber leer		
estudiar español		
vivir en esta ciudad		
conocer a mi mejor amigo/a		
practicar mi deporte favorito		

II. <u>Past actions</u>. Now, complete the second chart saying when the actions listed last occurred. Then write a sentence about each, using **hace...que**.

Acción	¿Cuándo?	Frase
cenar en un restaurante	el mes pasado	Hace un mes que cené en un restaurante. (Cené en un restaurante hace un mes.)
ver a mis padres		
tener una cita		
ir a la playa		
hacer un viaje		
dar una fiesta		
estar enfermo/a		

UNEXPECTED / UNPLANNED EVENTS WITH <u>SE</u>

Complete the chart below with the sentences at the bottom, following the model.

MODELO   I forgot my homework.   A mí se me olvidó la tarea.

↓ ---SAME PERSON--- ↓

	A + noun or pronoun	**se**	indirect obj. pronoun	verb	subject
EX	*A mí*	*se*	*me*	*olvidó*	*la tarea*
1					
2					
3					
4					
5					
6					
7					
8					
9					
10					

Translate the following sentences, and fill in the diagram above.

1. Ana broke the plates.
2. They lost their keys.
3. Bill ran out of money.
4. We forgot our passports.
5. Marta dropped the eggs.
6. José always forgets my name.
7. Sara and Laura left the dog at home.
8. Yolanda forgot my phone number.
9. We left the tickets at home.
10. They ran out of champagne.

"SE" FOR UNPLANNED EVENTS

A. Complete each sentence with the most logical verb from the list below, using the "se" for unplanned events. Each verb will be used only once. One will not be used.

acabar	caer	perder	quedar	olvidar	romper

1. Jaime tiene sueño porque esta mañana _____ _____ _____ el café. Ahora necesita comprar más.

2. Ayer me dormí en clase y _____ _____ _____ el libro. ¡Qué ruido!

3. No pudimos entrar al concierto porque _____ _____ _____ las entradas en casa. ¡Qué lástima!

4. ¡Qué torpe eres! Anoche _____ _____ _____ todos los vasos. Debes tener más cuidado al lavar los platos en el futuro.

5. A Miguel y Pablo _____ _____ _____ las llaves del apartamento; al final, tuvieron que llamar al dueño para abrir la puerta.

B. Answer the following questions using the "se" construction for unplanned events.

1. ¿Qué le pasó a Jorge? (perder / cartera)

2. ¿Por qué te llamó por teléfono tu hijo anoche? (acabar / dinero)

3. ¿Por qué no trajeron Uds. el almuerzo al picnic? (olvidar / comida)

4. ¿Por qué está triste la camarera? (romper / los platos y vasos)

5. ¿Por qué están sucios los libros de María? (caer al suelo)

6. ¿Por qué no entras a la casa? (quedar / la llave en el coche)

7. ¿Qué le pasó a Ricardo? (romper / una pierna)

8. ¿Qué le pasó a Milagros? (olvidar / los libros)

9. ¿Por qué no hay leche en tu refrigerador? (olvidar / comprarla)

PRÁCTICA: ¿Qué tienen? ¿Qué les pasó?

Explain what's wrong with or what happened to these people. Use the vocabulary on p. 346 and the verbs on p. 349 of *Puntos* to write a sentence or two about each person's problem. Use the "se" construction for unplanned events when appropriate.

PRÁCTICA: POR vs. PARA

A. Read the following sentences and study the context of the underlined words. Decide if the word(s) would be expressed by **por** or **para** in Spanish.

1. I'll send it to you <u>by</u> Federal Express. It should arrive <u>by</u> tomorrow morning.
2. Flowers? <u>For</u> me? Thanks so much <u>for</u> them!
3. He was headed <u>for</u> the border when I last saw him.
4. — The Gulf Coast is a great place <u>for</u> swimming.
   — As <u>for</u> me, I like the Caribbean better.
5. He works <u>for</u> the CIA, and <u>because of</u> that, he's very secretive.
6. <u>By</u> the people and <u>for</u> the people.
7. We got lost and wandered through Madrid <u>for</u> 2 hours. Finally, we found the train station and left <u>for</u> Galicia.
8. Mom, can I have some money <u>for</u> ice cream?
9. We have to finish this <u>by</u> Friday <u>because of</u> the final exam.
10. I need to study <u>for</u> a zillion hours <u>for</u> this final!
11. The students came back <u>to get</u> more worksheets.
12. The instructor and students received medals <u>for</u> their valor.
13. They threw a big party <u>to celebrate</u>.

B. Now complete the sentences with **por** or **para** according to the context.

De compras:

1. Mis hermanas fueron al centro comercial _____ comprar zapatos nuevos.

2. Van a estar allí _____ tres horas.

3. Pero primero tienen que pasar _____ el banco para el dinero.

4. Elena siempre paga mucho dinero _____ sus zapatos.

5. ¿_____ qué necesita ella zapatos tan caros? No lo entiendo.

6. Los lleva _____ menos de un año, y después quiere comprar otros.

Para despertarse:

7. Todos los días salimos _____ la universidad a las 7:45 de la mañana.

8. Normalmente pasamos _____ la casa de Leo, primero.

9. Ayer Leo estudió _____ 5 horas; por eso está muy cansado hoy.

10. Necesitamos pasar _____ algún café _____ tomar un café muy fuerte.

11. _____ despertarse, Leo necesita tomar mucho café o Jolt Cola.

12. _____ la Navidad, le compré tres libras de café de Costa Rica.

REPASO: CAPÍTULO 11

I. Vocabulario

A. <u>Asociaciones</u>. What word or person do you associate with the following words?

tomar apuntes _____   torpe   _____

romper   _____   el estrés   _____

distraído   _____   el despertador _____

B. <u>El Sr. Martínez se levantó con el pie izquierdo</u>. Write four sentences about what happened to Sr. Martínez today.

1.

2.

3.

4.

II. Grámatica

A. <u>¿Cuánto tiempo hace que...?</u> Using the drawing and the cues provided, express how long the actions on the next page have been going on with **hace...que**.

MODELO: los gatos / jugar en casa (2 horas) → Hace dos horas que los gatos
juegan en casa.

1. Isabel / tocar la guitarra (8 años)

2. Isabel / tener los gatos (2 años)

3. los gatos / estar en el sofá (1 hora)

4. el teléfono / sonar (30 segundos)

B. Now explain how long ago Isabel did these things, using your imagination and
hace...que.

MODELO: sentarse para descansar → Hace una hora que Isabel se sentó para descansar.
(Isabel se sentó para descansar hace una hora.)

1. poner el estéreo

2. comprar el sofá

3. volver de la universidad

4. empezar a leer

C. <u>Unplanned or unexpected events</u>. Complete the sentences with the "se" construction
and the verbs in parentheses. Use present tense or preterite, according to the context.

1. Al principio del año académico, ¿_____ (olvidar) sus
horarios a los estudiantes?

2. Ayer a José _____ (perder) un documento en la
computadora.

3. De vez en cuando a mí _____ (quedar) los libros que
necesito en casa.

4. A nosotros siempre _____ (acabar) la cerveza en nuestras
fiestas.

5. El otro día a mí _____ (caer) encima un café muy caliente. ¡Qué
mala suerte!

D. <u>Unplanned events</u>. ¿Qué pasó el fin de semana pasado? Using the "se" construction with the following verbs, write what happened to each of the people at Juan's party.

       perder   **romper**   **acabar**   **caer**   **olvidar**

1. _____

2. _____

3. _____

4. _____

5. _____

E. <u>Los adverbios</u>. Complete the passage with the missing adverbs.

Me acuerdo muy bien de cómo eran mis abuelos. Vivían en nuestro pueblo, y nosotros íbamos allí (constante) 1._____. Mi abuelo Octavio nos enseñaba sus plantas y sus flores (paciente) 2._____. Mi abuela Guillermina nos dejaba correr (rápido) 3._____ por toda la casa. Si hacíamos mucho ruido, decía (tranquilo) 4._____: "Bueno, niños, váyanse a jugar en el patio". La abuela siempre tenía todo muy organizado. Todos los días, nos servía el almuerzo a las dos (puntual) 5._____.

F. Por vs. para. Complete the sentences with the correct preposition.

1. Mi hermana salió _____ España ayer. Fue _____ avión pero va a viajar _____ tren durante sus vacaciones allí. Yo le regalé un libro sobre España _____ leer en el avión. Ella va a estar allí _____ tres semanas.

2. ¡_____ fin termina este semestre! Fue un semestre muy difícil _____ mí, porque tomé 6 clases. _____ lo menos, voy a sacar notas altas en todas mis clases. Antes de los exámenes finales, pienso estudiar _____ una semana entera en la biblioteca. También tengo que escribir dos ensayos _____ la semana próxima. Estoy un poco nervioso _____ todo el trabajo que tengo.

III. Diálogos. Use the chapter vocabulary and the expressions on pp. 349-350 of *Puntos* to help you create a dialogue based on one of the three situations below. Be prepared to role-play your dialogue with a partner for the class.

1. You were supposed to meet a friend for coffee at 3:00, but you didn't arrive until 4:00. Create a conversation between you and your friend in which you:
   a) apologize and explain why you were late (use the "se" for unplanned occurrences and mention 2 things which happened to you) and
   b) make plans for another activity with the friend.

2. Five minutes before Spanish class, you realize you don't have your composition. With your professor, create a conversation in which you:
   a) explain what happened to your composition (use the "se" for unplanned events and mention 2 things which happened) and
   b) find a solution to the problem.

3. You borrowed an expensive designer shirt from your roommate and you spilled hot sauce on it at a party. Create a conversation between you and your roommate in which you:
   a) apologize and explain what happened (use the "se" for unplanned events and mention 2 things which happened) and
   b) suggest a solution to your roommate.

Key Language Functions: Description, Comparison, Expressing Likes and Dislikes, Narration in the Past

At this point in the course you should be able to describe, compare, discuss likes and dislikes, and talk about the past. The chart below shows the linguistic tools needed to perform these four key language functions accurately.

DESCRIBIR D	To construct a description →	Vocabulary →	Linguistic Tools Needed: • **ser** vs. **estar** • noun-adjective agreement
COMPARAR C	To construct a comparison →	Vocabulary →	Linguistic Tools Needed: • noun-adjective agreement • **más/menos...que** • **tan...como** • **tanto/as/os/as...como**
GUSTOS G	To construct a statement → of likes and dislikes	Vocabulary →	Linguistic Tools Needed: • **Gustar**-type constructions • Indirect-object pronouns
PASADO P	To construct a description → in the past and narrate a series of past events	Vocabulary →	Linguistic Tools Needed: • Preterite vs. imperfect

Take turns with a partner talking about the following topics. Remember to pay attention to the linguistic tools (the grammar rules) you need to express these key language functions accurately.

DESCRIBIR D
- Describe how your health is this year and what you do to stay healthy.
- Describe what you are like when you feel stressed.

COMPARAR C
- Compare a lazy person you know with an energetic person you know.
- Compare the way you are now to the way you were in high school.

GUSTOS G
- Tell what bothers people about going to the dentist.
- Tell what interests psychologists about working with young people.

PASADO P
- Tell what happened the last time you got angry.
- Tell what happened the last time you hurt yourself.

Speaking Activities

GUIDED WRITING AND SPEAKING:
¿Qué pasó hoy en el centro?

A. Using the picture and your imagination, answer the following questions in complete Spanish sentences. Pay careful attention to the way the questions are phrased in order to use the correct structures in your answers.

1. Did Rosalía hurt herself when she jumped? (**saltar** = to jump)
2. How long has Margarita been waiting for the firemen? (**los bomberos**)
3. Who is under the most pressure, Santiago or Lorenzo?
4. Why does Sargent Rojas have a headache?
5. From what floor (**piso**) did Geraldo fall? Did he break an arm or a leg?
6. Why is Ramón so distracted today?
7. Who is the clumsiest person downtown today?

B. Imagine you are one of the witnesses. Write an e-mail to a friend about what you saw downtown today.

C. With a partner, role-play a dialogue between any two characters in the drawing.

Round Robin: Grammar Monitor Activity

In this activity you will work in groups of three. Each partner will alternate roles until all three of you have (1) described what happened at one of the social events; (2) asked questions to get more information; and (3) served as the grammar monitor.

Partner A: Describe what happened at one of the gatherings pictured above. Narrate the events that took place during the evening in the preterite, and describe how things were and how people were feeling in the imperfect. Don't forget your connectors: *primero, luego, entonces, después.*

Partner B: Listen carefully as Partner A talks about the gathering he/she has chosen to describe. Then ask two questions to get more information about the party you missed.

Partner C: As the grammar monitor, your job is to write down the verbs that you hear. Before you give your feedback, circle all of the preterite verbs. When Partners A and B are finished, give them feedback on whether or not the preterite verbs they used actually moved the story line forward in time.

Communicative Goals for Chapter 12
By the end of the chapter you should be able to:

- talk about modern technology ❑
- describe where you live ❑
- tell others what to do ❑
- express desires and requests ❑

Grammatical Structures
You should know:

- informal commands ❑
- use of the subjunctive for influence ❑

PRONUNCIACIÓN

- Mi madre manda que Marco no maneje más.

- Temo que Tomás Tamiami no tenga talento.

- Paco pide que Pepita no practique el piano porque papá está al punto de perder la paciencia.

- Quiela quiere que Quevedo quite el quiosco que está en la esquina.

- Recomiendo que Roberto Rodríguez regrese rápidamente a la residencia para la reunión.

LISTENING COMPREHENSION: Un apartamento nuevo

You and your friend Diego are looking for a new place to live and Diego has just gone to look at an apartment. Listen to what he says about the place. On the left, list the apartment's good points; on the right, list the bad points.

Las cosas buenas son:	Las cosas malas son:
1.	1.
2.	2.
3.	3.

LISTENING COMPREHENSION: ¿Sí o no?

In Miguel's co-op, everyone usually shares duties. But during finals week, people are too busy to help out so they all ask poor Miguel to fill in. Listen as your instructor reads the messages Miguel's housemates have left on his door. You will hear the messages twice. The first time you hear them, indicate whether Miguel's housemates are telling him to do or not to do the things in the list below. The second time you hear the messages, listen for the answers to the true-false questions below.

lavar los platos	Sí No
ir a la biblioteca	Sí No
preparar la carne	Sí No
sacar la basura	Sí No
pasar la aspiradora	Sí No
ir al supermercado	Sí No
olvidar la leche	Sí No
llamar al plomero	Sí No
pagarle al plomero	Sí No
limpiar el baño	Sí No

¿Cierto o falso?

_____ Carmen necesita que Miguel lave los platos mañana.

_____ Marta no pudo limpiar el baño esta tarde.

_____ Víctor quiere que Miguel vaya al supermercado.

_____ Víctor le pide que no olvide el helado.

_____ Roque no quiere que Miguel prepare la carne hoy.

REFERENCE SHEET FOR COMMANDS

	FORMAL (USTED / USTEDES)		INFORMAL
hablar ("-ar" verbs)	hable no hable	hablen no hablen	habla no hables
comer ("-er" verbs)	coma no coma	coman no coman	come no comas
escribir ("-ir" verbs)	escriba no escriba	escriban no escriban	escribe no escribas
oír	oiga no oiga	oigan no oigan	oye no oigas
venir	venga no venga	vengan no vengas	ven no vengas
salir	salga no salga	salgan no salgan	sal no salgas
hacer	haga no haga	hagan no hagan	haz no hagas
decir	diga no diga	digan no digan	di no digas
dar	dé no dé	den no den	da no des
volver	vuelva no vuelva	vuelvan no vuelvan	vuelve no vuelvas

PRÁCTICA: Informal commands

Your young nephew is visiting and wants to play with all your stuff. Answer his questions and explain what he can and cannot do in your house. Follow the cues in parentheses and use informal commands and object pronouns in your answer.

MODELO:　¿Puedo **poner** el radio? (Sí) → Sí, está bien. Ponlo si quieres.
　　　　　¿Puedo **usar** la cámara de video? (No) → No, no está bien. No la uses.

1. ¿Puedo **usar** la computadora? (No)

2. ¿Puedo **sacarte** una foto? (Sí)

3. ¿Puedo **poner** el televisor? (Sí)

4. ¿Puedo **grabar** este programa? (No)

5. ¿Puedo **limpiar** el acuario? (Sí)

6. ¿Puedo **sacar** los peces del acuario? (No)

7. ¿Puedo **manejar** tu moto? (No)

8. ¿Puedo **sentarme** en tu coche? (Sí)

9. ¿Puedo **tocar** tus trofeos? (Sí)

10. ¿Puedo **llevar** tu walkman? (No)

11. ¿Puedo **escuchar** tus discos compactos? (Sí)

12. ¿Puedo **leer** este fax? (Sí)

13. ¿Puedo **leer** tu correo electrónico? (No)

14. ¿Puedo **cambiar** el mensaje del contestador automático? (No)

15. ¿Puedo **mirar** estos videos? (Sí)

16. ¿Puedo **llevar** tu monopatín al parque? (No)

MANDATOS Y CONSEJOS

Are you good at giving advice and helping people with their problems? Work with a classmate to come up with some suggestions for people in one of the following situations. Write your suggestions in informal commands and use both affirmative and negative commands to give your advice.

Cómo ser un/a buen/a compañero/a de cuarto

Sí	No
1.	1.
2.	2.
3.	3.

Cómo sobrevivir la clase de español

Sí	No
1.	1.
2.	2.
3.	3.

Cómo pasarlo bien en esta ciudad

Sí	No
1.	1.
2.	2.
3.	3.

Cómo tener una buena relación con tu pareja

Sí	No
1.	1.
2.	2.
3.	3.

THE SUBJUNCTIVE: AN OVERVIEW

Subjunctive sentence structure: Sentences with subjunctive have two clauses: an **independent clause** and a **dependent clause**, introduced by **que**.

/---Independent---/   /------------------------Dependent------------------------/
Yo recomiendo   que ella escriba la carta inmediatamente.
I recommend   *that she write the letter immediately.*

The verb in the dependent clause will be in the subjunctive if certain conditions are met.

Conditions for the use of subjunctive in Spanish:
1. The two clauses must have **different subjects**:   **(Yo)** quiero que **ellos** estén contentos.
         I want them to be happy.

    If there is no change in subject, you will use an **infinitive**:   Quiero **estar** contenta.
         I want to be happy.

2. The verb in the **independent** clause must be in the **indicative** and express **willing/wish, emotion, request, doubt,** or **denial**. If that is not the case, the verb in the dependent clause must be in the indicative (even if the two clauses have different subjects).

Quiero que ellos **estén** contentos.	BUT	**Sé** que ellos **están** contentos.
Deseo que Guillermo me **bese**.	BUT	**Es cierto** que él me **besa** mucho.
Es horrible que **haya** cucarachas en casa.	BUT	**Creo** que **hay** muchas allí.

3. Generalizations that express willing/wish, emotion, request, doubt, or denial are followed by an infinitive. When one of these generalizations is personalized (made to refer to a specific person), it is followed by the subjunctive in the dependent clause.

Es necesario **matar** las cucarachas.	BUT	Es necesario **que Guillermo las mate**.
Es terrible **tener** cucarachas en casa.	BUT	Es terrible **que yo las tenga** en casa.

WEIRDO

WISH & WILLING: desear, preferir, querer, necesitar, esperar

EMOTION: esperar, gustar, sentir, temer, tener miedo de, sentir

IMPERSONAL: es necesario, es terrible, es mejor, es peor, es bueno, es posible, es probable

REQUEST & RECOMMENDATION: pedir, recomendar, decir, mandar, sugerir

DOUBT & DENIAL: no creer, dudar, no estar seguro/a de, no pensar

OJALÁ

PRÁCTICA: El subjuntivo

I. Complete the passages with the subjunctive, according to the subject.

1. Queremos que el profesor _____ (leer) los exámenes, que

    _____ (darnos) menos tarea, que _____ (ir) de vacaciones

    muy pronto y que _____ (explicarnos) el subjuntivo.

2. El profesor quiere que nosotros _____ (hablar) español, que

    _____ (estudiar) mucho, que _____ (practicar) en el

    laboratorio, que _____ (venir) a clase todos los días y que no

    _____ (dormir) en clase.

3. Si vienes a visitarme, te recomiendo que _____ (ir) al centro para ver los

    edificios bonitos, que _____ (visitar) los museos, que _____

    (comer) en mi restaurante favorito, que _____ (hacer) una excursión al

    lago y que _____ (llevar) tu traje de baño.

4. Mis padres quieren que yo _____ (sacar) notas altas, que no

    _____ (salir) con muchachos locos, que _____ (buscar) un

    apartamento barato y que _____ (encontrar) un buen trabajo después de

    graduarme.

II. Now complete the following sentences. Remember that you will need to use the subjunctive. Try to give two or three possible completions for each sentence.

1. Quiero que mi mejor amigo/a...

2. Mi profesor/a de español nos recomienda que...

3. Quiero que mis padres...

4. Quiero que el presidente...

5. Mis padres insisten en que yo...

6. Les recomiendo a mis amigos que ellos...

SUBJUNCTIVE WITH TÚ VS. TÚ COMMANDS

Don't forget that the forms used for the affirmative **tú** commands are not the same forms used in the subjunctive when **tú** is the subject. The negative **tú** commands, however, do use the same form as in the subjunctive.

Modelo:　　Te recomiendo que <u>vengas</u> ahora　　<u>Ven</u> ahora.
　　　　　　　　　　　　　　　　　　　　　　　<u>No vengas</u> ahora.

<u>Subjunctive with **tú**</u>　　　　　　　　　　　　　　**Tú** commands

1. Quiero que _____ (salir).　　　　_____.

　　　　　　　　　　　　　　　　　　　　No _____.

2. Te recomiendo que _____ (comer) allí.　_____.

　　　　　　　　　　　　　　　　　　　　No _____.

3. Te recomiendo que lo _____ (hacer).　_____.

　　　　　　　　　　　　　　　　　　　　No _____.

4. Deseo que no _____ (ir) hoy.　_____.

　　　　　　　　　　　　　　　　　　　　No _____.

5. Quiero que lo _____ (comprar).　_____.

　　　　　　　　　　　　　　　　　　　　No _____.

6. Insisto en que _____ (buscar) trabajo.　_____.

　　　　　　　　　　　　　　　　　　　　No _____.

7. Es importante que _____ (pedir) un aumento.　_____.

　　　　　　　　　　　　　　　　　　　　No _____.

8. No quiero que _____ (ver) esa película.　_____.

　　　　　　　　　　　　　　　　　　　　No _____.

9. Necesito que me _____ (traer) el libro.　_____.

　　　　　　　　　　　　　　　　　　　　No _____.

10. Prefiero que no lo _____ (poner) allí.　_____.

　　　　　　　　　　　　　　　　　　　　No _____.

SUBJUNCTIVE: ¿Qué me recomiendas?

Your Spanish instructor has a hard life and a lot of problems. What can you recommend that s/he do to make things better? Write out a suggestion for each problem below, using **Le recomiendo que...** + subjunctive.

1. No tengo tiempo para hacer cosas divertidas.

2. No gano mucho dinero trabajando como instructor/a.

3. Hay cucarachas enormes en mi cocina.

4. No sé si debo casarme (*to get married*) o no.

5. Mis estudiantes no estudian.

6. Siempre estoy muy cansado/a.

7. Creo que estoy un poco gordo/a.

8. Creo que no voy a terminar mi tesis nunca.

9. ¡Mi vida es aburrida!

10. Mi disco duro falló anoche.

PRÁCTICA: Present, Preterite, Subjunctive

Complete the chart, following the model in the first line.

Presente	Pretérito	Subjuntivo
1. Ellos dan una fiesta.	Ellos dieron una fiesta.	Quiero que ellos den una fiesta.
2. _____	Volví a casa.	Quieren que yo _____.
3. Él va al partido.	_____	Quiero que él _____.
4. _____	_____	Quiero que Uds. canten.
5. _____	Hicieron la tarea.	Quiero que ellos _____.
6. Lo explicamos.	_____	Quiere que nosotros _____.
7. _____	Pagué la cuenta.	Quieren que yo _____.
8. ¿Ayudas en casa?	_____	Recomendamos que tú _____.
9. _____	_____	Quieren que (yo) salga el lunes.
10. ¿Haces la tarea?	_____	Te recomiendan que _____.
11. _____	Leyeron el libro.	Quiero que Uds. _____.
12. _____	_____	Recomiendo que Uds. lleguen temprano.
13. Busca su tarea.	_____	Recomienda que él _____.
14. _____	Cambiaron el canal.	Quiero que Uds. _____.
15. _____	_____	No quiere que manejen en la lluvia.
16. _____	Compré otro acuario.	No quiere que yo _____.
17. Arreglan todo.	_____	Recomiendo que ellos _____.
18. _____	_____	Queremos que Uds. esperen.

REPASO: CAPÍTULO 12

I. Vocabulario

A. <u>Asociaciones</u>. What words do you associate with the following items?

1. el contestador automático
2. el teléfono celular
3. el alquiler
4. los gastos
5. los vehículos
6. el campus
7. la red

B. <u>Preguntas personales</u>. Contesta con una frase completa.

1. ¿Qué tipo de coche te gustaría comprar?

2. En tu opinión, ¿cuáles son los aparatos que más necesita un estudiante universitario para su cuarto?

3. ¿Cuáles son las ventajas de tener el Tivo?

4. ¿Qué le recomiendas a la profesora que haga este fin de semana?

5. ¿Qué quieren tus padres que hagas este verano?

6. ¿Dónde recomiendas que un estudiante trabaje para ganar un poco de dinero?

C. <u>Definiciones</u>

1. Una manera de mandar un documento instantáneamente:

2. El dinero que le pagas al dueño todos los meses:

3. La persona que gana más dinero y que es más importante que los otros empleados:

4. Un tipo de coche:

5. Una forma de transporte que no usa gasolina:

6. La persona que alquila apartamentos:

7. Lo que usamos si queremos cambiar de canal:

8. Lo que necesitas para sacar fotos:

9. Un aparato pequeño que se usa para manejar la computadora:

10. Lo que pasa cuando tu computadora deja de funcionar:

II. Gramática

A. Mandatos informales. Marina is homesick, stressed about her classes, and has no plans for the weekend. Give her advice about what to do and not to do using tú commands. Use six different verbs.

1. Marina, no _____

2. Marina, _____

3. Marina, no _____

4. Marina, _____

5. Marina, no _____

6. Marina, _____

B. Subjunctive. Give the "yo" form of the subjunctive for each of the verbs.
EJEMPLO: decir → digø → <u>diga</u>

comenzar	hablar	poder
comprender	hacer	practicar
dar	ir	ser
decir	llegar	tener
escribir	pagar	venir
estar	pensar	vivir

C. Más práctica con el subjuntivo. Complete the sentences.

1. La profesora nos recomienda que...

2. Le recomendamos a la profesora que...

3. Mi mejor amigo quiere que (yo)...

4. Quiero que a mi mejor amigo...

5. Mi familia desea que yo...

6. Deseo que mi familia...

D. ¿<u>Subjuntivo o indicativo</u>? Fill in the blank with the correct form of the verb.

1. Mis padres me recomiendan que (yo) _____ (regresar) a casa este verano, pero no quiero _____ (vivir) con ellos.

2. La profesora no permite que los estudiantes _____ (hablar) inglés.

3. Es necesario que Uds. _____ (buscar) trabajo. Necesitan _____ (ganar) dinero. Sin un trabajo bueno, dudo que Uds. _____ (poder) pagar la matrícula.

4. Creo que mi novio _____ (estar) en casa ahora.

5. Mis amigos prefieren que (yo) _____ (salir) con ellos esta noche.

6. Es ridículo que nosotros _____ (tener) que aprender todos los verbos.

7. Mis amigos dicen que el profesor _____ (ir) a dar una fiesta muy pronto.

E. <u>Más práctica</u>. Expresa en español.

1. I want you (**tú**) to open the book. Open it.

2. I don't want you (**tú**) to read the newspaper in class. Don't read it.

3. I want you (**Ud.**) to study that page. Study it now.

4. The answers? I want you (**Uds.**) to write them. Write them, please.

5. The vocabulary? I recommend that you (**Uds.**) study it. Study it tonight.

BINGO: La calidad de la vida

trabaja con un/a jefe/a antipático/a.	saca muchas fotos cuando está de viaje.	toma duchas muy largas y usa toda el agua caliente.	tiene una camioneta fea y vieja.	tiene carteles de arte moderno en su alcoba.
gana un sueldo bajo.	tiene un teléfono celular.	tiene una radio portátil en el baño.	necesita buscar un trabajo.	tiene muchos trofeos de golf.
comparte (*shares*) su alcoba con otra persona.	escribe composiciones en la computadora.	tiene un acuario.	da muchas fiestas en su casa/apartamento.	trabaja de tiempo parcial.
A_____ le gustar cambiar de canal constantemente.	A_____ le gusta ver videos.	A_____ le gusta navegar la red.	A_____ le gustaría tener un coche descapotable.	va a ser jefe/a de una compañía internacional.
cocina muy mal.	tiene un monopatín.	manda correo electrónico cada día.	hace su tarea en la cama.	vive en la planta baja.

GUIDED WRITING AND SPEAKING:
Un fin de semana en San Antonio

A. Using the picture and your imagination, answer the following questions in complete Spanish sentences. Pay careful attention to the way the questions are phrased in order to use the correct structures in your answers.

1. How long has Paquito been inside surfing the net?
2. What do his parents want him to do?
3. Why does Sr. Pérez need a car phone?
4. How much do the Riveras pay in rent?
5. What does Sra. Rivera need her husband to do?
6. What were the children doing when Sr. and Sra. Rivera returned?

B. Imagine you just moved next door to the Riveras. Write a description of your new neighborhood and neighbors. Also mention what furniture or electronic equipment you hope your parents buy you.

C. With a partner, role-play a dialogue between any two characters in the drawing.

Communicative Goals Practice #6

Try to talk about the scene below for 75 seconds. "Show off" all you have learned up to this point in the semester. Check the **Communicative Goals** boxes at the beginning of each chapter of your Supplement to see all that you should be able to do. For this oral proficiency practice, some of the possible categories are listed below. Try to use connectors (**porque, pero, y, también, por eso**) to make your description sound more fluent and natural.

1. description (age, personality, physical appearance, clothing)	4. what they did last week
2. likes and dislikes	5. how they felt
3. what these people usually do on weekends	6. future plans
	7. what you want them to do to have a more active lifestyle (subjunctive)

Iñigo

Alicia

After you've finished your description, imagine you are talking to one of the characters in the drawing. Ask at least two questions to one or more characters.

CAPÍTULO
13

Communicative Goals for Chapter 13
By the end of the chapter you should be able to:

- talk about the arts and culture ❑
- express emotions ❑
- express disbelief and doubt ❑
- rank things ❑

Grammatical Structures
You should know:

- use of subjunctive for emotions ❑
- use of subjunctive for uncertainty ❑
- ordinal numbers ❑

LISTENING COMPREHENSION:
¿Qué deben hacer estas personas?

Listen as your instructor describes the interests of 5 different people. Based on what you hear, indicate which cultural activity would be the best for each person in the chart below. Explain why you recommend that activity as well.

Actividad	Persona	¿Por qué?
Viajar a Chichén Itzá para ver los templos de los mayas		
Visitar Londres y asistir a varias obras de teatro		
Conseguir entradas para la ópera		
Viajar a Barcelona y conocer los edificios extraordinarios de Antonio Gaudí		
Hacer un viaje a Guatemala para comprar tejidos		

LISTENING COMPREHENSION: ¿Adónde fueron y qué hicieron?

Your instructor will read some descriptions of what 6 different people did on vacation. As you listen, complete the chart below by writing the name of each person next to the place s/he visited on vacation. Then write one thing the person did in that place.

Lugar	¿Quién fue allí?	¿Qué hizo allí?

PRONUNCIACIÓN: Las vocales

A cantar--bailar--Me encanta cantar y bailar--hay--entradas--drama--tarde--¿Hay entradas para el drama esta tarde?--clase--arte--sala--Hay una clase de arte en la sala grande--agrada--cerámica--España--Me agrada la cerámica de España--cantante--está--lado--escenario--La cantante está al lado del escenario.

E lee--novela--moderna--Pepe lee novelas modernas--cree--orquesta--talento--¿Crees que esa orquesta tiene talento?--tejer--tela--guatemalteca--Las mujeres tejen unas telas guatemaltecas--merengue--caribeño--El merengue es caribeño--estrella--escena--agente--La estrella lee la escena tres con el agente francés.

I artista--pinta--pincel--finísimo--El artista pinta con un pincel finísimo--cine--Fuimos al cine--guía--dice--Dalí--símbolos--difíciles--El guía dice que Dalí incluye símbolos difíciles en sus pinturas--ritmo--baterías--disco--increíble--El ritmo de las baterías de este disco es increíble--Conocimos--artista--galería--Conocimos al artista Aníbal en la galería.

O pintor--odia--color--El pintor odia los colores oscuros--toca--saxofón--trombón--Manolo toca el saxofón y el trombón--conoces--historia--folklóricos--¿Conoces la historia de los bailes folklóricos españoles?--director--español--famoso--Almodóvar es un director español famoso--obra--compositor--innovador--La obra del compositor es muy innovador.

U música--gusta--¿Te gusta la música?--músicos--conjunto--buscan--instrumentos--Los músicos del conjunto buscan sus instrumentos--museo--aburre--Úrsula--El museo le aburre a Úrsula--burla--escultura--Se burla de la escultura--gustan--Me gustan la arquitectura y la literatura.

WEIRDO

(When to use the subjunctive)

Use the subjunctive in the dependent clause when the main clause expresses:	Examples of verbs:	Example sentences:
Will / **W**ish	querer, desear, preferir, insistir, necesitar	Quiero que <u>estudies</u>. Necesito que <u>vayas</u> a la tienda.
Emotion	esperar, sentir, alegrarse de, me gusta que	Siento que <u>estés</u> enfermo. Me alegro de que <u>estés</u> aquí.
Impersonal **expressions**	es necesario es importante	Es importante que <u>hables</u> con nosotros.
Requests/ **R**ecommendations	pedir, decir, mandar, ordenar, prohibir, permitir, exigir, recomendar, sugerir	Me pide que <u>venga</u>. Nos manda que <u>salgamos</u>. Te dice que <u>vayas</u>. (*require indirect object*)
Doubt / **D**enial	dudar, negar, no creer	Dudo que <u>conozcas</u> a David Letterman.
Ojalá	ojalá	Ojalá que el examen <u>sea</u> muy fácil.

PRÁCTICA: El subjuntivo y las emociones

What do you say in these situations? Give a response in Spanish, using your imagination and what you know about the subjunctive and expressions of emotion. In your answers, use the expressions on p. 415 of your text.

MODELO: Your friend wants to switch from a business major to an art major.
Tú: Espero que te gusten tus clases nuevas.
(Me sorprende que quieras estudiar arte.)
(Temo que no sea una idea muy buena.)

1. Your best friend invites you to see your favorite group in concert, but your final exam is that night.

2. A classmate tells you that s/he is related to a famous actor.

3. Your next-door neighbor plays the trumpet all day long.

4. Your friend is appearing tonight in a play and is nervous.

5. You sign up for salsa classes, and your Spanish professor is the teacher.

6. Your roommate wants to decorate your apartment with a lot of ugly posters.

7. Your boyfriend/girlfriend wants to form a band (**un conjunto**).

SUBJUNCTIVE OF DOUBT AND DENIAL

Are you suspicious of anything or anybody? Do you think that something is absolutely true? Complete these sentences based on your own opinions, then see if you and your classmates have the same opinions.

1. Dudo que...

    ...pero no dudo que...

2. Es verdad que...

    ...pero no es verdad que...

3. Estoy seguro/a que...

    ...pero no estoy seguro/a que...

4. No creo que...

    ...pero creo que...

5. Niego que...

    ...pero no niego que...

6. No es cierto que...

    ...pero es cierto que...

7. Pienso que...

    ...pero no pienso que...

¿SUBJUNTIVO O INDICATIVO?

Complete the sentences with the correct form of the verb according to the context.

1. Verónica, quiero que tú _____ (casarse) conmigo inmediatamente.

2. Pero Alejandro, no puedo. No creo que _____ (ser - tú) el hombre para mí.

3. Es imposible que no _____ (estar - tú) enamorada de mí, Verónica.

4. Sí, es verdad que te _____ (quiero - yo), Alejandro.

5. Pero también es verdad que _____ (tener - yo) otro querido.

6. ¡OTRO QUERIDO! ¡IMPOSIBLE! Insisto en que me _____ (decir - tú) quién es.

7. No puedo, Alejandro. Él insiste en que nadie _____ (saber) de nuestro amor.

8. Verónica, sé que _____ (ser - tú) una chica muy inestable. Pero no importa. Te quiero y quiero que _____ (pasar - nosotros) el resto de nuestras vidas juntos.

9. Alejo, te digo que eso _____ (ser) imposible. Es necesario que _____ (olvidarse - tú) de mí y que _____ (buscar) otra mujer.

10. Pero Verónica, las otras mujeres no existen para mí. Sé que no _____ (poder - yo) estar contento si no estoy contigo.

11. De verdad lo siento, Alejo. Es una lástima que _____ (estar - tú) tan enamorado de mí.

12. Verónica, quiero que _____ (pensar - tú) muy bien en lo que haces. ¿Realmente quieres que nosotros _____ (separarse)?

13. Sí, Alejo. Creo que eso _____ (ser) lo mejor. Pero espero que _____ (ser - nosotros) buenos amigos para siempre. Y yo estoy segura que _____ (ir - tú) a encontrar a una mujer estupenda en el futuro.

14. ¡Y yo estoy seguro que no _____ (ir - yo) a entender nunca a las mujeres!

EL SUBJUNTIVO: FRASES INCOMPLETAS

What do these different groups of people want from and expect of each other? Complete the sentences using the verb in parentheses in the indicative or subjunctive according to the context.

En clase

1. La profesora insiste en que la clase (estudiar)...

2. Ella cree que los estudiantes no (aprender)...

3. Los estudiantes recomiendan que ella (tener)...

4. Algunos estudiantes dicen que la materia (ser)...

5. Es verdad que la profesora les (dar)...

6. A ella no le gusta que los estudiantes no (hacer)...

En una fiesta

7. Los muchachos piensan que la fiesta (ser)...

8. A los vecinos no les gusta que la gente (hacer)...

9. Marta y Lupe dudan que la música (ser)...

10. Miguel espera que Carmen (bailar)...

11. Soledad teme que los otros invitados (ir)...

12. Y yo creo que la policía (llegar)...

Un apartamento nuevo

13. A Beatriz le gusta mucho que su apartamento nuevo (estar)...

14. Prefiere que el vecino de arriba no (cantar)...

15. Duda que la piscina (estar)...

16. Es una lástima que la alfombra (ser)...

17. Espera que sus amigos le (ayudar)...

18. No cree que la cocina (ser)...

SUBJUNCTIVE TRIGGER PHRASES

Es increíble que	Espero que	Creo que
Dudo que	Recomiendo que	Temo que
Ojalá que	No me gusta que	Es mejor que
Es verdad que	No creo que	Pienso que

Fill in the blank with an appropriate clause or phrase so that the sentence is logical. Make sure to read each sentence carefully to see if a subjunctive "trigger phrase" is needed or not.

1. _____ los museos estén cerrados los lunes.

2. _____ podemos volver a este museo mañana.

3. _____ tengamos tiempo de ir al concierto.

4. _____ las entradas para el concierto son caras.

5. _____ la música folklórica es muy interesante.

6. _____ tú tengas el talento necesario para ser actor.

7. _____ la arquitectura de Barcelona es extraordinaria.

8. _____ Ud. vaya a España y vea los cuadros de Goya.

9. _____ la literatura sea más importante que la música.

10. _____ Juan Luis Guerra no cante en Madrid este año.

11. _____ Juan viaje a México para ver las ruinas.

12. _____ Juan tenga bastante dinero para ir a México.

13. _____ él va a hacer un viaje a Guatemala también.

14. _____ compre unos tejidos guatemaltecos.

15. _____ los tejidos de Guatemala son preciosos.

PREPOSITIONS AND INFINITIVES

No preposition (conjugated verb + infinitive):

deber	gustar	poder
decidir	necesitar	preferir
desear	parecer	querer
esperar	pensar	saber

Ellos **esperan viajar** a España.
Él **sabe conducir** bien.

a (conjugated verb + **a** + infinitive):

ir a	aprender a	empezar a
volver a	comenzar a	venir a
enseñar a	ayudar a	invitar a

Espero que Alejo **vuelva a escribirme**.
Por favor, ¡**ayúdame a estudiar**!

de (conjugated verb + **de** + infinitive):

tratar de	tener ganas de	dejar de
olvidarse de	acordarse de	acabar de

Es necesario que **dejes de fumar**.
¿Por qué **te olvidaste de llamarme** ayer?

en   insistir en + infinitive:

¿Por qué **insisten Uds. en ir** ahora?

que   tener que + infinitive:

Tenemos que darle un regalo bonito.

haber que + infinitive:

Hay que viajar para ver cosas nuevas.

Práctica. Complete the sentences with the missing preposition. If no preposition is needed, write X in the blank.

1. Me gustaría aprender _____ bailar el tango.

2. Picasso empezó _____ dibujar y pintar cuando era muy joven.

3. Hay _____ practicar todos los días para ser buen músico.

4. Trato _____ leer una novela o un libro de poesía todos los meses.

5. Esta noche, tengo ganas _____ ir al cine. ¿Y tú?

6. Espero _____ visitar las ruinas mayas algún día.

7. Luis me invitó _____ ver la exposición de arte.

8. Marisa sabe _____ cantar muy bien.

9. Acabo _____ escuchar un disco nuevo.

10. Prefiero _____ ir al concierto con Uds.

REPASO: CAPÍTULO 13

I. Vocabulario

A. Complete the sentences logically with the words from pp. 408-409 of *Puntos*.

1. El año pasado visitamos las _____ de Machu-Picchu. La _____ de los Incas es impresionante.

2. En el mercado de _____, se puede comprar muchas cosas: ropa, _____ típica y también _____ preciosos de todos los colores.

3. Esta noche, voy a la _____ para ver "La Traviata". El _____ de esta obra fue Verdi. Los _____ principales son de Almania e Italia.

4. Ayer visitamos el Museo Metropolitano. En la Sala de los Impresionistas, vimos varias _____ de los grandes _____ del impresionismo. Me encanta la _____ impresionista.

B. <u>Asociaciones</u>. Name a person, place, and thing that you associate with the following.

	persona	lugar	cosa
la pintura			
la música clásica			
la literatura			
el drama			

II. Gramática

A. <u>Subjuntivo vs. indicativo</u>. What are the 6 components of WEIRDO? Give 2-3 examples, then write one sentence for each letter.

W

_____

E

_____

I

_____

R

_____

D

_____

O

_____

B. Doubt, denial, and uncertainty. Which phrases below "trigger" the subjunctive, and which don't? Write "S" for subjunctive and "I" for indicative to the left of each phrase below, and then write sentences using six of the phrases.

1. _____ No estar seguro/a que

2. _____ No negar que

3. _____ Dudar que

4. _____ Creer que

5. _____ Estar seguro/a que

6. _____ No es verdad que

7. _____ No creer que

8. _____ No pensar que

9. _____ Es probable que

10. _____ No dudar que

11. _____ Es verdad que

12. _____ Negar que

1.

2.

3.

4.

5.

6.

C. ¿Subjuntivo o indicativo? Complete the sentences with the subjunctive or indicative, according to the context.

<u>Ana asiste a un concierto</u>

1. Ana teme que ya no _____ (haber) entradas para el concierto.

2. Su amigo le recomienda que _____ (ir) al teatro para ver.

3. Él piensa que Ana todavía _____ (poder) conseguir entradas.

4. En el teatro, le dicen a Ana que _____ (volver) al día siguiente.

5. Ana está segura que el concierto _____ (ir) a ser fabuloso.

<u>Nuestra clase de español</u>

6. Es increíble que nuestro examen final...

7. Estamos seguros que la profesora...

8. Después del examen final, recomiendo que nosotros...

9. Espero que mi próxima clase de español...

D. Preguntas personales. Contesta con una frase completa.

1. ¿Cuántos años tenías cuando **empezaste a escuchar** la música rock?

2. ¿Qué instrumento musical te gustaría **aprender a tocar**?

3. ¿Qué novela interesante **acabas de leer**?

4. ¿Qué lugares culturales **hay que ver y visitar** en tu ciudad?

III. Diálogos

Write a dialogue based on one of the following situations. Be prepared to role-play your dialogue with a partner to the class.

1. You were supposed to go hear a friend's concert but you didn't arrive until after it was over. Write a dialogue between you and your friend in which you:
   • express your regrets (using the subjunctive of emotion) and
   • explain three things that happened to make you late (using the "se" construction and ordinal numbers)

2. You are talking with a friend who wants to go see the latest Stephen King horror film. You are too scared to go (but your friend doesn't know this), and would rather see something else. Have a conversation in which:
   • your friend tells you about the movie and explains why s/he wants to see it;
   • you explain your opinion using expressions such as **dudo que, no creo que,** and **no estoy seguro/a que** (but without giving away your secret); and
   • you suggest an alternative.

3. Your friend is an aspiring artist, but doesn't have much talent. S/he wants to give you some really ugly original paintings and sculptures for your apartment. Have a conversation in which:
   • your friend shows you one or two pieces and describes them for you;
   • you politely express your reluctance to decorate with these things, using expressions such as **temo que, dudo que, no creo que,** etc.; and
   • you suggest an alternative that won't hurt your friend's feelings.

SONDEO: Las artes

Poll three classmates to find out their artistic likes and dislikes, and write down the information you find in the chart below.

	Nombre:	Nombre:	Nombre:
Su actor favorito es...			
La novela que más le gusta es...			
Tiene muchos discos de...			
Su pintor preferido es...			
Sabe tocar el/la...			
Cuando va al cine, prefiere ver...			
El programa de televisión que más odia es...			
Su museo favorito se llama...			

Now, complete these statements comparing your tastes with that of your classmates, based on what you've learned.

1. Tengo mucho en común con _____, porque...

2. _____ y yo no tenemos mucho en común, porque...

BINGO: La vida cultural

_____ toca un instrumento.	tiene tejidos de América Central.	_____ odia la ópera.	A _____ le gusta la música clásica.
sabe cantar bien.	escribe poesía.	tiene una clase de literatura.	A _____ le gusta dibujar.
quiere ser director de cine.	toma una clase de arte.	A _____ le encanta el cine.	trabaja en un museo.
visitó unas ruinas aztecas.	A _____ le aburre el ballet.	aprecia la música caribeña.	A _____ quiere ser actor/actriz.
De niña, quería ser bailarina.	_____ quiere ser músico profesional.	acaba de leer una novela estupenda.	A _____ le gustaría ser pintor. escribe canciones.

Key Language Functions: Description, Comparison, Expressing Likes and Dislikes, Narration in the Past, Reaction and Recommendation

The chart below shows the linguistic tools needed to perform these five key language functions.

DESCRIBIR D — To construct a description →	Vocabulary →	Linguistic Tools Needed: • **ser** vs. **estar** • noun-adjective agreement
COMPARAR C — To construct a comparison →	Vocabulary →	Linguistic Tools Needed: • noun-adjective agreement • **más/menos...que** • **tan...como** • **tanto/as/os/as...como**
GUSTOS G — To construct a statement → of likes and dislikes	Vocabulary →	Linguistic Tools Needed: • **Gustar**-type constructions • Indirect-object pronouns
PASADO P — To construct a description → in the past or narrate a series of past events	Vocabulary →	Linguistic Tools Needed: • Preterite vs. imperfect
REACCIONAR RECOMENDAR R — To construct a reaction → or recommendation	Vocabulary →	Linguistic Tools Needed: • Subjunctive in noun clauses • Commands

Take turns with a partner talking about the following topics. Remember to pay attention to the linguistic tools (the grammar rules) you need to express these key language functions accurately.

- Describe one of the paintings in your textbook.
- Describe the neighborhood where your parents live.

- Compare suburban living and downtown living.
- Compare the typewriter and the computer.

- Tell what what people like about cell phones and what bothers them about them.
- Tell what bothers some people about bullfighting, American football or boxing.

- Describe something embarrassing that happened to you when you were in high school.
- Describe a fun job you or one of your friends had in the past.

- Offer a recommendation to a person who wants to be a famous actor/actress.
- Offer your advice to a freshman who wants to move from the dorms to an apartment.

Round Robin: Grammar Monitor Activity

In this activity you will work in groups of three. Each partner will alternate roles until all three of you have (1) reacted to each statement; (2) made a recommendation; and (3) served as the grammar monitor.

Marco tiene una nueva novia.

Las señoras piensan que sus hijos son angelitos.

Paco siempre llega tarde a la oficina.

Partner A: Read the statement aloud, then give your reaction using an impersonal expression such as *Es terrible que…, Es obvio que… or Es fenomenal que…*

Partner B: Offer a suggestion or recommendation to help improve the situation.

Partner C: As the grammar monitor, your job is to write down the subjunctive verb forms that you hear. Make sure that subjunctive is not used with expressions indicating certainty such as *Es evidente que… Es cierto que…,* or *Es verdad que…* When Partners A and B are finished, give them feedback on whether or not they are using the subjunctive correctly for reactions and recommendations.

Now switch roles. Partner A will recommend, Partner B will be the grammar monitor and Partner C will react. Then switch roles one more time.

GUIDED WRITING AND SPEAKING:
Planes para el fin de semana

A. Using the picture and your imagination, answer the following questions in complete Spanish sentences. Pay careful attention to the way the questions are phrased in order to use the correct structures in your answers.

1. At what time does Ana's boyfriend want her to be ready for the concert tonight?
2. What did he invite her to do last weekend?
3. What do you recommend that she wear to the opera?
4. What does Antonio feel like doing this weekend? Why?
5. Is it bad that he plays video games all the time?
6. What cultural events does Antonio's mother want him to go to?
7. Why do you doubt that Antonio wants to go to see the sculptures in the Museum of Modern Art?
8. What did Luis do last weekend when he went to New York?
9. Why did Lola want to be a playwright when she was young?
10. Why does Ana hope that Guille will take drama lessons?

B. Write a paragraph about this family and what you recommend they do to lead a more healthy lifestyle.

C. With a partner, role-play a dialogue between any two characters in the drawing.

CAPÍTULO
14

Communicative Goals for Chapter 14

By the end of the chapter you should be able to:

• talk about the environment	❏
• talk about cars	❏
• describe conditions	❏
• tell what you have done recently	❏

Grammatical Structures

You should know:

• past participles used as adjectives	❏
• present perfect indicative	❏
• present perfect subjunctive	❏

LISTENING COMPREHENSION: El medio ambiente

Listen as your instructor reads a passage describing what Juanita and her friends do to protect the environment. The passage will be read twice. The first time you listen, put an "X" next to the actions you hear mentioned. The second time, listen for the name of the person doing the actions, and write that name in the blank provided. Don't worry if you can't understand everything; just go for the main ideas. Before your instructor begins to read, take turns with a partner pronouncing the phrases under "Acción."

Vocabulario: **la bombilla** = light bulb   **la lata** = can   **matar** = to kill
              la pulga = flea   **el vidrio** = glass

Acción	X	Nombre
tener un jardín orgánico		
no poner el aire acondicionador		
reciclar aceite		
tomar duchas muy rápidas		
trabajar en un centro de reciclaje		
reciclar latas y vidrio		
lavar los platos con agua fría		
no usar el coche nunca		
bañarse con agua fría		
comprar bombillas especiales		
usar productos químicos biodegradables		
no usar insecticidas		

LISTENING COMPREHENSION:
Un día en la playa de Puntarenas

Listen as your instructor reads a description of what has happened at the beach today. The first time you listen, identify the different people being described and write their names on the drawing. The second time, listen for the answers to the questions below.

<u>Vocabulario:</u>　　**la arena** = sand　　**el cangrejo** = crab　　**el salvavidas** = lifeguard

1. ¿Qué les ha pasado a Max y Monika?

2. ¿Cómo es Laura?

3. ¿Cómo está Carlos en este momento, y por qué?

4. ¿Qué le han dicho al Sr. Verde, y por qué?

¿Cierto o falso?
_____ 5. Teresa Gómez está muy contenta hoy.
_____ 6. Daniel ha construido sólo un castillo hoy.
_____ 7. Ramón empezó a trabajar en la playa en marzo.
_____ 8. Alejo y Juanita van a ir a comer después.

PRÁCTICA: PAST PARTICIPLES AND PRESENT PERFECT (I)

I. Past participle used as adjective

Yolanda's parents are coming for a visit, and she needs to get ready. Complete the sentences with the correct form of the past participle of the verbs in parentheses.

1. La mesa debe estar _____ (poner) para la cena.
2. Tengo que tener _____ (hacer) los programas para la clase de informática.
3. El trabajo para la clase de historia debe estar _____ (escribir) a máquina.
4. Mi cafetera está _____ (romper); tengo que comprar otra.
5. Toda la ropa debe estar _____ (lavar) y _____ (planchar).

Tell Mr. and Mrs. Urrutia what they need to do before their trip by completing the sentences with the correct form of the past participle of the verbs in parentheses.

6. Deben estar seguros que el televisor está _____ (apagar).
7. Las maletas deben estar _____ (hacer) con un día de anticipación.
8. Deben tener los pasaportes y el dinero _____ (guardar) en un lugar seguro.
9. Las puertas y las ventanas de la casa deben estar _____ (cerrar).
10. Recomiendo que hagan una lista para tener todo _____ (organizar).

II. Present perfect

Rosario is moving to another apartment. Complete the sentences about what has happened on moving day with the correct form of the present perfect.

11. Está segura que _____ (haber mandar) el cheque para la luz.
12. No le gusta que _____ (haber subir) tanto el alquiler de los apartamentos.
13. Le parece increíble que el dueño le _____ (haber pedir) $460.00 al mes.
14. Espera que él _____ (haber resolver) el problema con el agua.
15. Se alegra de que sus amigos _____ (haber venir) para ayudarla.

What is the Spanish professor thinking about today? Complete the sentences with the correct form of the present perfect.

16. El profesor duda que los estudiantes _____ (haber estudiar) mucho.
17. Cree que él _____ (haber explicar) bastante bien la materia.
18. Le molesta que los estudiantes no _____ (haber hacer) el repaso.
19. Está seguro que nadie _____ (haber leer) la lista del vocabulario.
20. Piensa que es posible que algunos _____ (haber sacar) notas muy bajas.

PRÁCTICA: PAST PARTICIPLES AND PRESENT PERFECT (II)

Complete the sentences with the correct forms of the present perfect or the past participle.

I. The Acuña family is moving and today they've looked at several houses.

Padre: Quiero comprar la segunda casa, porque dudo que muchas personas

1._____ (haber vivir) en ella. Además, me pareció una casa

muy bien 2._____ (construir).

Madre: Pues, me gustó más la tercera casa, la que estaba 3._____ (pintar)

de blanco y verde. Creo que los dueños la 4._____ (haber

decorar) muy bien. Y tenía ese patio tan bien 5._____ (cuidar).

Eva: Yo prefiero la última casa, pero es una lástima que los dueños no

6._____ (haber poner) otro baño.

Ana: Para mí, la mejor fue la primera casa, la que tenía 3 alcobas. Nunca

7._____ (haber tener - yo) mi propia alcoba.

II. Jaime and Elisa are discussing the English test they took yesterday.

Jaime: Espero que el profesor 1._____ (haber corregir) nuestros

exámenes. Pablo me 2._____ (haber decir) que él corrige

todo muy rápido.

Elisa: Sí, parece ser un hombre muy 3._____ (organizar). Pero no quiero

mi examen, porque temo que no 4._____ (haber sacar) una

nota muy alta.

Jaime: ¡Qué va! Todos nosotros estudiamos un montón para ese examen. Teníamos

todos los nuevos verbos 5._____ (memorizar). Estoy seguro que el

profesor te 6._____ (haber poner) una nota buena.

Elisa: No sé. Realmente, dudo que 7._____ (haber escribir- yo)

muchas respuestas correctas, porque no estaba nada 8._____

(preparar). Siento que no 9._____ (haber ir - nosotros) a ver

al profesor antes del examen.

UNA CARTA DE ESPAÑA

The following letter is from a Spanish host "mom," Benigna, to one of her former American "daughters." Complete the letter with the correct form of the present perfect according to the cues in parentheses. Then answer the questions below.

<u>Vocabulario:</u> **la suegra** = mother-in-law   **ingresar** = to admit to a hospital
paro cardíaco = cardiac arrest

Salamanca el 10 de octubre de 2001

Querida Sharon y familia,

Perdona que no te 1._____ (*I have written*) antes, pero 2._____ (*we have been*) muy ocupados. Desgraciadamente, 3._____ (*has died*) mi suegra. Murió el día 22. Tenía problemas de corazón. La ingresamos el sábado día 21 y el domingo le dieron dos paros cardíacos. Ya era mayor, tenía 86 años.

Me alegra que tu padre 4._____ (*has improved*), y ya me dirás qué tal lleva tu hermana el embarazo.

5._____ (*have arrived*) dos chicas americanas. Una es estupenda, come de todo y le encantan las lentejas y la comida que a ti te gusta. Se llama Rhona y es de Búfalo. La otra se llama Carolina. Es de Long Island, tiene mucho dinero y es un problema. Me 6._____ (*she has said*) que sólo quiere arroz, verduras, fruta, mermelada de fresa y pan. No come ni carne, ni pescado ni nada, ni la paella ni la costilla que a ti tanto te gustan.

Raquel y José Luis 7._____ (*have begun*) ya sus clases. A Raquel la 8._____ (*we have changed*) de colegio y ahora está muy contenta. José Luis comenzó el lunes sus clases en la universidad, también está muy contento.

Sharon, 9._____ (*has been*) aquí Elisabeth, la de Cádiz. Dice que le gusta el trabajo, pero que le gustaría estar más tiempo con su marido.

Dime si quieres que te mande alguna revista de HOLA.

Bueno, me despido, un abrazo y muchos besos
BENIGNA HERNÁNDEZ RIVERO

P.D./ Gracias por tus cartas y perdona que no te 10. _____ (*I have answered*) antes.

11. ¿Por qué no ha escrito antes Benigna?

12. ¿Quiénes han llegado a su casa?

13. ¿Cómo son las dos americanas?

14. ¿Qué han comenzado Raquel y José Luis?

15. ¿Quién ha visitado a Benigna recientemente, y de dónde es esa persona?

REPASO: CAPÍTULO 14

I. <u>Vocabulario</u>

A. <u>Faltan palabras</u>. Complete the passage below with the correct words.

aire puro	ritmo de vida	montar a caballo	bello
construir	proteger	naturaleza	destruir

Juan Alberto, ecólogo, quiere vivir en el campo porque le gusta estar cerca de la

_____, porque el _____ es menos acelerado y porque le gusta el

_____. Todos los días después de desayunar, _____ en el bosque.

Últimamente, escribe un artículo sobre una compañía que quiere _____ una

autopista muy grande que va a pasar por el _____ bosque. Él quiere

ayudar a _____ los recursos naturales que, según él, la compañía quiere

_____.

B. <u>Asociaciones</u>. What words do you associate with the following terms? Try to list two or three related words for each.

1. el medio ambiente:

2. los recursos naturales:

3. el campo:

4. la ciudad:

5. la autopista:

C. <u>Definiciones</u>.
1. 2 productos petróleos que usan los coches:
2. Un coche tiene cuatro:
3. Lo opuesto de "arrancar":
4. El lugar donde se arreglan coches:
5. La persona que conduce:
6. Los Cadillac son coches de lujo; _____ mucha gasolina.
7. Si los _____ del coche no funcionan, no puedes parar.

D. <u>Preguntas</u>. Contesta en español.

1. En el futuro, ¿dónde vas a vivir, en la ciudad o el campo?

2. ¿Cuáles son dos problemas de vivir en el campo? ¿Y en la ciudad?

3. En tu opinion, ¿es necesario proteger el medio ambiente? ¿Cómo?

4. En tu opinión, ¿cuál es el problema más grave del mundo de hoy?

II. Gramática

A. Participios pasados. Give the past participle of the following infinitives.

ver	_____	decir	_____
pedir	_____	morir	_____
volver	_____	invitar	_____
poner	_____	hacer	_____
descubrir	_____	visitar	_____
abrir	_____	romper	_____
ir	_____	escribir	_____

B. Expresa en español.

1. a polluted river
2. a protected forest
3. recycled paper

4. a broken windshield
5. a solved problem
6. a parked car

C. ¿Qué ha pasado por aquí? You've been out of town for a semester and ask your roommate Pablo what has happened while you've been gone. Ask him the following questions, using the model.
MODELO: Pedro / graduarse → ¿Pedro se ha graduado?

1. Sara / encontrar trabajo

2. Lucho / salir con muchas chicas

3. La universidad / mandar mis notas

4. Mi novia / quedarse en casa

5. Mis amigos / escribirme muchas cartas

6. Lola / tener otro accidente de coche

7. Tú / alquilar mi cuarto a alguien

8. Jaime / cuidar a mi gato

D. Descripción. Use the picture below and your imagination to answer the following questions in complete Spanish sentences.

1. What has Mr. Gómez done to Mr. Arce's car?

2. Who has worked for Mr. Gómez the longest?

3. How much has Mr. Arce spent on car repairs this year?

4. Why has Carlos changed the tire?

5. Why has Mr. Arce come to this garage for so many years?

6. How many hours has Manuela worked today?

III. Diálogos

Write a dialogue on one of the following topics. Be prepared to role-play your dialogue with a partner to present to the class.

1. Your new roommate Irina is not very environmentally conscious. Create a conversation between you and Irina in which:
   • you explain why it's important to protect the environment;
   • you mention two things you do to conserve energy/resources;
   • you recommend that Irina not do/stop doing something which is bad for the environment.
   Include Irina's replies to your comments and any other details.

2. You have some problems with your car while exploring Baja California. Create aconversation between you and the mechanic in which:
   • you explain two problems with the car
   • you tell the mechanic what you have done
   • you ask the mechanic what s/he recommends that you do.
   Include the mechanic's replies to your comments and questions, and any other details.

Round Robin: Grammar Monitor Activity

In this activity you will work in groups of three. Each partner will alternate roles until all three of you have (1) reacted to each statement; (2) made a recommendation; and (3) served as the grammar monitor.

Statements	Roles of Partners A, B, and C
1. Han construido un aparcamiento encima del único parque de mi ciudad natal (*hometown*). 2. El gobierno ha decido imponer un impuesto (*tax*) de $2.000 en todos los coches tipo "SUV." 3. Este mes un galón de petróleo cuesta cinco dólares. 4. Ahora Sears vende máscaras contra la contaminación en colores brillantes para hacer juego con (*to go with*) tu ropa. 5. En los últimos años se ha destruido el 15% de la Amazonia.	A. React B. Recommend C. Be the monitor

Partner A: Read the statement aloud, then give your reaction using an impersonal expression such as *Es terrible que…*, *Es obvio que…*, or *Es fenomenal que…*

Partner B: Offer a suggestion or recommendation to help improve the situation.

Partner C: As the grammar monitor, your job is to write down the subjunctive verb forms that you hear. Make sure that subjunctive is not used with expressions indicating certainty such as *Es evidente que…*, *Es cierto que…*, or *Es verdad que…* When Partners A and B are finished, give them feedback on whether or not they are using the subjunctive correctly for reactions and recommedations.

Now switch roles. Partner A will recommend, Partner B will be the grammar monitor, and Partner C will react. Then switch roles one more time.

GUIDED WRITING AND SPEAKING: En una cantina cerca del Río Orinoco, Venezuela

A. Using the picture and your imagination, answer the following questions in complete Spanish sentences. Pay careful attention to the way the questions are phrased in order to use the correct structures in your answers.

Vocabulario: **notar** = to notice   **bosque tropical** = rain forest

1. What did Lola and Raúl do yesterday?
2. What's the weather like in Orinoco today?
3. What does Ana recommend that they all do after eating?
4. Why is Juan going to teach a class on the destruction of the rain forest?
5. Did Rosa notice air pollution when she arrived in Caracas?
6. Why are Lola and Raúl tired now and what have they done today?
7. Has Rosa written to her boyfriend yet?
8. Has Ana had a nice time in Venezuela?
9. Why does Marco doubt that his group feels like horseback riding?
10. Why does Marco recommend that they get up very early tomorrow?

B. Write a letter from one of the tourists, describing his or her trip to Venezuela.

C. With a partner, role-play a dialogue between any two characters in the drawing.

BINGO: ¿Qué has hecho?

ha estado en Nueva York.	ha nadado en el Pacífico.	ha estudiado arquitectura.	ha empezado un trabajo nuevo.	se ha levantado tarde hoy.
ha cenado en un restaurante bueno.	ha estado en la Casa Blanca.	ha tomado una clase de informática.	ha visto una película mala esta semana.	ha comido algo con chocolate hoy.
ha conocido a alguien famoso.	ha roto con su novio/novia.	ha llamado a sus padres esta semana.	ha vivido en otro país.	ha tocado en un conjunto.
ha dormido en una tienda de campaña.	ha tenido un accidente de coche.	ha conducido demasiado rápido alguna vez.	ha asistido a la ópera recientemente.	ha participado en una competencia de tenis.
ha escrito una carta por correo electrónico.	ha sacado una nota mala una vez.	ha visitado México.	ha leído un libro bueno esta semana.	ha hecho algo por el medio ambiente.

Communicative Goals Practice #7

Try to talk about the scene below for 75 seconds. "Show off" all you have learned up to this point in the semester. Check the **Communicative Goals** boxes at the beginning of each chapter of your Supplement to see all that you should be able to do. For this oral proficiency practice, some of the possible categories are listed below. Try to use connectors (**porque, pero, y, también, por eso**) to make your description sound more fluent and natural.

1. description (age, personality, physical appearance, clothing)
2. where these people will go after work/school
3. the daily routine of one of them
4. what you recommend they do to improve their quality of life
5. how they get to work/school
6. a strange or unexpected event that happened to one of them today

After you've finished your description, imagine you are talking to the characters in the drawing. Ask at least two questions to one or more characters.

<h1>CAPÍTULO 15</h1>

Communicative Goals for Chapter 15

By the end of the chapter you should be able to:

- talk about sentimental relationships ❑
- discuss the different stages of life ❑
- describe your ideal companion, friend, ❑
  job, apartment, vacation spot, etc.
- discuss cause-and-effect relationships ❑

Grammatical Structures

You should know:

- subjunctive after nonexistent ❑
  and indefinite antecedents
- subjunctive after conjunctions ❑
  of contingency and purpose

PRONUNCIACIÓN

- Amalia no aprende nada a menos que asista a clase cada día.
- Pablo practica el piano para poder pasar tiempo con Paula.
- Carolina quiere un contrato en caso de que Carlos cambie las condiciones del convenio.
- Antes de casarse con Ana, Andrés tiene que alquilar un apartamento que sea amplio y atractivo.

LISTENING COMPREHENSION: En casa de Miguel

Miguel and Roque live in a co-op with some other students. Listen to their conversation about what everyone is doing. Your instructor will read the conversation twice. The first time you hear it, number the activities below in the order you hear them and match each activity with the person(s) doing it. The second time you hear the conversation, listen for the answers to the questions below.

	Actividades	Personas
_____	estar en la galería	Rosa
_____	ir al cine	Roque
_____	jugar tenis	Víctor
_____	comer algo	Sancho
_____	ir al lago para nadar	Carmen
_____	ver unos partidos	Miguel
_____	tomar el sol	Marta

1. ¿Qué quería hacer Miguel con Víctor?

2. ¿Con quién iba a jugar tenis Marta?

3. ¿Qué pasa hoy entre la casa de Miguel y el Club Latino?

4. ¿Por qué es hoy un día especial para Carmen?

PRÁCTICA: Subjunctive in adjective clauses (I)

Complete the sentences with the subjunctive. Can you explain why the subjunctive is used in each case?

1. El semestre pasado tuve problemas con mi compañero de cuarto. Este semestre, busco un compañero de cuarto que _____ (ser) amable, que _____ (ayudarme) a limpiar la casa y que _____ (pagar) el alquiler a tiempo. Necesito a alguien que _____ (cocinar) bien y que no _____ (ver) televisión a todas horas.

2. Mi coche es muy viejo y ya no funciona muy bien. Quiero comprar un coche usado que no _____ (ser) muy caro, que _____ (tener) estéreo y aire acondicionador y que _____ (andar) bien.

3. No me gusta mucho mi apartamento. Voy a buscar uno que _____ (estar) cerca de la universidad, que _____ (ser) grande y que no _____ (costar) demasiado. Me gusta la idea de vivir en un apartamento que _____ (tener) muchas ventanas y una terraza bonita.

4. El año pasado no pude ir de vacaciones. Este año, quiero ir a algún lugar donde _____ (haber) muchas playas, que _____ (ser) muy tranquilo y donde yo _____ (poder) descansar y relajarme.

5. No me gusta el novio de mi amiga Marta. En mi opinión, Marta necesita buscar un chico que _____ (ser) inteligente y amable, que _____ (saber) tratar a una mujer y que no _____ (llegar) tarde para las citas.

6. El semestre pasado mis clases fueron horribles. Este semestre, quiero tomar unas clases que _____ (ser) interesantes y que no _____ (empezar) a las ocho de la mañana. Y quiero estudiar con profesores que no _____ (dar) mucha tarea y que _____ (explicar) bien la materia.

7. Mi jefe es un imbécil y odio mi trabajo. Algún día, quiero trabajar con una persona que _____ (respetar) y que _____ (escuchar) a sus empleados. Espero trabajar en un lugar donde yo _____ (hacer) algo importante, donde _____ (ganar) un buen sueldo y donde _____ (trabajar) con gente simpática.

PRÁCTICA: Subjunctive in adjective clauses (II)

Describe your ideas about the perfect apartment, vacation spot, boyfriend/girlfriend, and job. List 3 characteristics for each thing. Remember that you're describing places and people that may not really exist, so you need to use the subjunctive.

1. El apartamento ideal

Quiero un apartamento / una casa que...   _____

_____

_____

2. Las vacaciones ideales

Quiero ir a un lugar que / donde...   _____

_____

_____

3. El hombre perfecto / La mujer perfecta

Estoy buscando a alguien que...   _____

_____

_____

4. El trabajo ideal

Quiero un trabajo que...   _____

_____

_____

PRÁCTICA: ¿Hay alguien aquí que...?

Look at the drawing below, then answer the questions about it in Spanish. Remember that whether you use the subjunctive or indicative here depends on your answer.

MODELO: Is there someone who is ordering a meal?
           Sí, **hay varias personas que piden** algo de comer en el café.

           Is there someone rollerblading in the plaza?
           No, en este momento **no hay nadie que patine en línea** en la plaza.

Is there someone who is . . .

1. playing chess?

2. reading the paper?

3. eating in a café?

4. playing soccer?

5. taking photos?

6. going for a walk? (**dar un paseo**)

7. playing the guitar?

8. riding a bike?

9. waiting for a friend?

10. arguing?

PRÁCTICA: SUBJUNCTIVE VS. INDICATIVE

Complete each sentence with the correct form of the verb in subjunctive or indicative, according to the context.

1. --Quiero un novio que me _____ (cantar), que me _____ (escribir) poesía y que me _____ (traer) rosas todos los días.

    --Pues, mi novio no _____ (hacer) nada de eso, pero _____ (ser) cariñoso, inteligente y honesto.

2. --Quiero ir a algún lugar donde _____ (haber) música buena y gente divertida.

    --Pues, vamos al Club Caribe. Dos conjuntos excelentes _____ (ir) a tocar allí esta noche.

3. --¿Conoces a alguien que _____ (saber) bailar la macarena?

    --No, pero tengo un amigo que _____ (querer) aprenderla.

4. --Necesitamos una secretaria que _____ (hablar) francés, español, inglés y japonés. También necesitamos una que _____ (tener) mucha experiencia con la informática.

    --Uds. están locos. No existe la secretaria que _____ (poder) hacer todo eso.

    --Pues, Ud. está equivocado. Ya encontramos a una... pero ella _____ (pedir) más de $45.000 al año.

5. --Busco un apartamento que _____ (ser) bonito pero barato, porque el que tengo ahora _____ (costar) demasiado.

    --En mi barrio _____ (haber) varios apartamentos que se alquilan. Además, conozco a dos personas que _____ (buscar) a alguien para compartir una casa con ellos.

PRÁCTICA: Subjunctive after certain conjunctions

There are five Spanish conjunctions of contingency/purpose that always take the subjunctive. Remember them with the acronym APACE.

A	**antes (de) que**	*before*
P	**para que**	*so that*
A	**a menos que**	*unless*
C	**con tal (de) que**	*provided (that)*
E	**en caso de que**	*in case*

The statements below describe the problems Yoli and her friends are having while giving a party. Use one of the conjunctions of contingency to summarize each problem. Choose a logical conjunction for the context, and remember to use the subjunctive.

MODELO: Si la novia de Marcos tiene que trabajar, ellos no van a la fiesta. →
Marcos va a ir, **con tal (de) que** su novia no tenga que trabajar.
Marcos va a la fiesta, **a menos que** su novia tenga que trabajar.

1. Yoli tiene tiempo de limpiar la casa, pero sólo si los invitados no llegan temprano.

2. Jorge necesita comprar hielo, pero él es muy olvidadizo. Yoli piensa comprar hielo extra.

3. Luisa y Virginia se odian. Si Luisa va a la fiesta, entonces no va Virginia.

4. Si sus amigas compran la comida hoy, Yoli puede preparar las botanas esta noche.

5. El estéreo de Yoli está roto. Por eso, su amigo Jorge debe traer su estéreo a la fiesta.

6. Yoli piensa hacer la fiesta en el patio, pero sólo si hace buen tiempo.

7. Esta tarde a las tres vienen unos amigos para ayudar. Yoli debe estar en casa antes.

8. Yoli debe llamar a todos los amigos ahora. Así van a saber a qué hora es la fiesta.

9. Si a Carmen se le olvida comprar las bebidas, Yoli puede ir al supermercado.

10. Los vecinos se acuestan a la una. Si la fiesta no termina a la una, ellos van a llamar a la policía.

PRÁCTICA: Subjunctive of contingency and purpose

Below are a series of drawings showing several people's plans. Use the information in each pair of drawings and the conjunctions given with them to form sentences about each person's activities. Remember to use the subjunctive with these conjunctions.

MODELO: a menos que

Juanito y sus amigos van a jugar al baloncesto, a menos que llueva esta tarde.

Mercedes
y
Gloria

1.   con tal de que

2.   Antes de que

el Sr. Martínez

3.   La Sra.
    García   para que

4.  a menos que

Claudio

Marta

5. Antes de que

6. En caso de que no

Ana

Miguel

 Alberto

7.

la piscina

María

con tal de que

8. Antes de que

Lorena

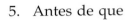

SUBJUNCTIVE, INDICATIVE, OR INFINITIVE?

Fred and Julio are deciding what movie to see tonight. Complete their conversation with the correct form of the verb (subjunctive, indicative, or infinitive) in parentheses, according to the context.

J: Oye, Fred...¿quieres acompañarme al cine esta noche?

F: Sí, claro, a menos de que no 1._____ (tener - yo) mucha tarea en mi clase de español. ¿Qué película piensas ver?

J: No sé...Hay muchas posibilidades. Quiero ver una película que 2._____ (ser) diferente. Estaba pensando en ver "Sicko", la película de Michael Moore que 3._____ (acabar) de salir.

F: Lo siento, pero yo ya 4._____ (haber) visto esa película. ¿Hay otra que 5._____ (querer - tú) ver?

J: Pues, tal vez. En el cine de la universidad, dan "Alien". ¿Qué te parece?

F: Emmm...este... Pues, Julio, sólo puedo ir con tal de que no 6._____ (ver - nosotros) una película de horror.

J: Ay, Fred, 7._____ (ser - tú) tan pesado (a pain) a veces. ¡Es increíble que 8._____ (ser - tú) tan particular (picky)!

F: De verdad lo lamento, pero es mejor que 9._____ (ver - nosotros) una película que nos 10._____ (gustar) a los dos, ¿verdad?

J: Sí, claro. Bueno, ¿por qué no 11._____ (decidir) tú? ¿Hay alguna película que no te 12._____ (dar) pesadillas (nightmares) y que ya no 13._____ (haber - tú) visto?

F: ¡Sí! Quiero que 14._____ (ver - nosotros) "Wedding Crashers".

J: Bueno, hombre, de acuerdo. ¿A qué hora 15._____ (empezar)?

F: A las siete y media. ¿Por qué no nos encontramos en frente del cine a las siete y cuarto? Y en caso de que 16._____ (llegar - yo) primero, compro las entradas.

J: Muy bien. Pero, ¿no tienes ganas de comer algo antes de 17._____ (ir)?

F: ¡Buena idea! Pero debemos cenar temprano para no 18._____ (perder) el comienzo de la película. ¿Conoces algún restaurante bueno pero barato que 19._____ (estar) cerca del cine?

J: Sí. Bueno, en ese caso, te vengo a buscar a las seis.

REPASO: CAPÍTULO 15

I. <u>Vocabulario</u>

A. <u>Definiciones</u>.

1. Lo opuesto de "casarse" _____

2. Dos personas casadas forman una _____

3. Lo opuesto de "la juventud" _____

4. Un grupo de amigos que se llevan bien tienen _____

5. El nombre del viaje que hacen los novios después de la boda _____

6. Lo que uno hace cuando la relación con su pareja va muy mal _____

B. <u>Orden cronológico</u>. Put the stages of life in chronological order.

_____ la adolescencia   _____ la muerte

_____ la infancia   _____ la vejez

_____ la niñez

II. <u>Gramática</u>

A. <u>Antecedents</u>. Decide if the underlined words in the following sentences are **existent/definite (E/D)** or **nonexistent/indefinite (N/I)**. Which sentences would need the subjunctive?

1. Is there <u>someplace</u> we can go to get away from it all?

2. I need a <u>boss</u> who won't drive me crazy.

3. Isn't there <u>anyone</u> here who can help me?

4. Hello. I'm looking for that nice <u>man</u> who handles returns.

5. Do you know that <u>house</u> down the street from mine?

6. Is there a <u>place</u> we can swim that's not crowded?

7. I'm looking for a <u>woman</u> with brown hair, named Alicia.

8. What's the name of that <u>movie</u> we saw last week?

9. She's marrying a <u>man</u> from Spain who lives in New York.

B. El subjuntivo. What are the five conjuctions that "trigger" the subjunctive? Write them below and then write one sentence for each. Check your list of conjunctions on page 234 of *this Supplement*.

A

P

A

C

E

C. Párrafo. Julia's parents are going on a trip and are leaving her in charge. Complete their conversation with the correct form of the indicative or subjunctive, according to subject and context.

Padre: Julia, quiero que 1._____ (llevar) a tu hermanito a la escuela

y que lo 2._____(cuidar) mucho.

Madre: Sí, y es importante que no 3._____ (olvidarse - tú) de

limpiar la cocina todas las noches. Recomiendo que

4._____ (sacar - tú) la basura todos los días para que no

5._____ (entrar) cucarachas.

Julia: Sí, sí, de acuerdo. Si pasa algo serio, ¿tienen Uds. algún número de

teléfono donde yo los 6._____ (poder) llamar?

Madre: Dudo que 7._____ (tener - tú) problemas, porque

8._____ (ser - tú) una chica tan responsable. Pero en caso

de que 9._____ (pasar) algo, aquí tienes el número del hotel.

Padre: ¿Por qué no nos 10._____ (llamar - tú) todas las noches?

Creo que es mejor que 11._____ (estar - nosotros) todos más

tranquilos.

Julia: Sí, sí, de acuerdo. Bueno, espero que Uds. 12._____

(divertirse) mucho. ¡Hasta la próxima semana! ¡Adiós!

III. Diálogos

Create a dialogue based on one of the topics below. Be prepared to role-play the dialogue with a partner to the class. Try to include at least one <u>tú</u> command and one sentence with the subjunctive in your conversation.

1. You're making plans with your friend Jorge, the movie buff. Discuss with him:
   - what films you have seen and read about lately;
   - what movie you will see tonight, where, and when;
   - how you will get there and what you will do afterwards.

2. Your good friend wants to go out with someone with whom you had a disastrous relationship! Create a conversation in which you:
   - describe your "ex" to your friend;
   - explain why your friend should not go out with him/her;
   - suggest that your friend go out with someone else, your friend _____.

Key Language Functions: Description, Comparison, Expressing Likes and Dislikes, Narration in the Past, Reaction and Recommendation.

Take turns with a partner talking about the following topics. Remember to pay attention to the linguistic tools (the grammar rules) you need to express these major language functions accurately. Review the chart on p. 214 of this Supplement before you begin.

- Describe how you felt when you first started driving.
- Describe your ideal job, car, or partner. (use the subjunctive)

- Compare two of your favorite actors or actresses.
- Compare environmental problems of today with those of fifty years ago.

- Tell what you like about SUVs and what bothers some people about them.
- Tell what bothers parents about big weddings.

- Tell what you have done recently to help save the planet.
- Tell something funny that happened to you or a friend while on a date.

- Offer some suggestions to help protect the environment for future generations.
- Offer advice to a couple on where to spend their honeymoon if money is not an object. Explain your reasons.

Speaking Activities

GUIDED WRITING AND SPEAKING: En la playa

A. Using the picture and your imagination, answer the following questions in complete Spanish sentences. Pay careful attention to the way the questions are phrased in order to use the correct structures in your answers.

1. What do you recommend that Lola and Ernesto not do tomorrow?
2. Why is Alejo tired now, and what has he done today?
3. What does Jaime hope that the children do?
4. Where did Susana and Miguel meet each other?
5. What are they going to do, provided that they have time?
6. What does el Sr. López like to do on the beach?

B. Imagine you are on vacation on this beach. Write an e-mail to a friend in which mention some things you have done and what you plan to do provided that there's time and good weather.

C. With a partner, role-play a dialogue between any two characters in the drawing.

BINGO: La vida social

_____ tiene cuñado/a.	_____ va a ir a una boda este sábado.	_____ tiene dos citas este fin de semana.	_____ cree que la amistad entre hombre y mujer es imposible.	_____ quiere salir con alguien de la clase de español.
A _____ le encanta ser soltero/a.	_____ va a casarse este año.	_____ va a romper con su novio/a pronto.	_____ conoce a muchas chicas solteras.	_____ está enamorado/a.
_____ nació en otro estado.	_____ sale con amigos esta noche.	_____ es amigo/a de alguien famoso.	_____ tiene problemas con los suegros.	_____ vive lejos del campus.
_____ conoce a alguien divorciado.	_____ busca un novio nuevo.	_____ se lleva mal con su compañero/a de casa.	_____ vive en una residencia.	_____ no piensa casarse nunca.
_____ conoce a muchos chicos solteros.	_____ fue al Caribe para su luna de miel.	_____ está casado/a con alguien de otro país.	_____ tiene una vida social fabulosa.	_____ se enamora con frecuencia.

CAPÍTULO
16

Communicative Goals for Chapter 16
By the end of the chapter you should be able to:

- discuss careers and money matters ❑
- talk about the future ❑
- talk about pending actions ❑
- express conjecture ❑

Grammatical Structures
You should know:

- future verb forms ❑
- subjunctive and indicative ❑
  after conjunctions of time

PRONUNCIACIÓN

Listen as your instructor pronounces the following sentences, then practice them with a partner. Make sure to pronounce the future tense forms properly.

- Cuando Carlota pueda, pedirá un préstamo, comprará un coche y lo pagará a plazos.
- Los señores Suárez visitarán Acapulco donde alquilarán una habitación en el Hotel Regina.
- Paquita Palacios tomará un taxi al centro de Puebla, y pagará tres mil pesos.
- En veinticinco años, tendremos una mujer presidente, colonizaremos la luna, eliminaremos las armas nucleares y seremos todos bilingües.

LISTENING COMPREHENSION: ¿A cuánto está el cambio?

Listen as your instructor reads exchange rates in different countries, and fill in the chart with the equivalent of $1.00 in each place. Then answer the questions below.

Argentina	
Chile	
Colombia	
Perú	
México	
España	
Uruguay	
Venezuela	

1. Si cambias 150 dólares en Buenos Aires, ¿cuántos pesos recibirás?
2. Si cambias 200 dólares en Madrid, ¿cuántos euros recibirás?
3. Si cambias 1000 dólares en Cancún, ¿cuántos pesos recibirás?
4. Si cambias 500 dólares en Lima, ¿cuántos soles recibirás?

LISTENING COMPREHENSION: Los salarios de mis amigos

Listen carefully as your instructor tells you about the salaries of some friends. You will hear the descriptions twice. Write down each person's name next to his/her profession, plus the salary he/she makes. After listening to the descriptions, rank each person from highest to lowest salary in the last column.

PROFESIÓN	NOMBRE	SALARIO	Nombres en orden del salario
Abogada			
Bibliotecario			
Cajero			
Electricista			
Ingeniera			
Maestro			
Médico			
Peluquero			
Plomero			

TRANSLATION DRILL

1. I go to the bank.

   I went to the bank.

   I used to go to the bank.

   I will go to the bank.

   I want you to go to the bank.

   Go to the bank. (**tú**)

2. She's looking for a job.

   She looked for a job.

   She was looking for a job.

   She will look for a job.

   Her parents want her to look for a job.

   Look for a job. (**tú**)

3. I leave the office at 5.

   I left at 5.

   I used to leave at 5.

   I will leave at 5.

   The boss doesn't want me to leave at 5.

   Don't leave at 5. (**Ud.**)

4. I pay the bills.

   I paid the bills.

   I used to pay the bills.

   I will pay the bills.

   I want my roommate to pay the bills.

   Pay the bills. (**Uds.**)

5. I want to save money.

   I tried to save money.

   I wanted to save money.

   I will save money.

   My parents want me to save money.

   Save money. (**tú**)

PRÁCTICA: El futuro

Doña Clara Vidente, the famous fortune teller and astrologer to the stars, has issued her predictions about what will happen next year. Complete her predictions with the correct future form of the verbs in parentheses.

<u>En Hollywood</u>

1. Brad Pitt y Angelina Jolie _____ (divorciarse). Angelina _____ (casarse) con Enrique Iglesias. Brad _____ (estar) furioso e _____ (intentar) raptar (*to kidnap*) a su ex-esposa el día de la boda.

2. Steven Segal y Sylvester Stallone _____ (abrir) un banco privado en Los Angeles. Dicen: "En nuestro banco no _____ (haber) ningún robo nunca porque _____ (tener - nosotros) la protección constante de los hijos de Al Pacino y Arnold Schwarzenegger." Este banco _____ (cobrar) $1.000 por el privilegio de depositar y sacar dinero y les _____ (ofrecer) a sus clientes una tarjeta de crédito que automáticamente les _____ (dar) un préstamo de $50.000 al pedirlo. Seguramente este banco _____ (ser) muy popular entre las estrellas.

3. Madonna _____ (ser) muy generosa con sus empleados este año. La cantante _____ (gastar) mucho dinero para que todos estén contentos. Le _____ (pagar) a su peluquera dinero extra para crear un estilo original cada dos semanas. Le _____ (prestar) su coche nuevo a su contador todos los viernes y _____ (construir) una casa para la familia de su cocinera. ¡_____ (Ganar) un dineral!

PRÁCTICA: Los empleados del Banco Mundial

Look over the picture below and answer the questions using the future of conjecture and your imagination.

1. ¿Qué tipo de jefe será el Sr. Panzón? ¿Cuánto tiempo pasará en la oficina? ¿Cuánto ganará él al mes? Y sus empleados, ¿cuánto ganarán ellos?

2. ¿Con quién hablará Lola? ¿Cuántos años tendrá? ¿Cómo será su vida social?

3. ¿Por qué querrá Pedro hablar con Carmen? ¿Qué pensará Carmen de él? ¿Estarán enamorados?

4. ¿Por qué tendrá Arturo tanto interés en la conversación entre Carmen y Pedro? ¿Por qué estará preocupado?

5. ¿Por qué hará Isabel todo el trabajo? ¿Qué tipo de persona será ella? ¿Le gustará su trabajo? ¿Qué pensará de los otros empleados?

6. ¿Por qué llevará Ramón un traje tan elegante? ¿A él qué le gustará hacer?

CONJUNCTIONS OF TIME: Lo malo de ganar un buen sueldo

I. Read the English sentences below about Roberto, and decide if the action underlined is future or uncompleted (**F**), habitual (**H**), or past and completed (**P**). Write the letters in the first column.

When I have time, I'll talk to you about a loan.   _____   _____

When I lent Bill money, he never paid me.   _____   _____

When my friends ask for money, I usually say yes.   _____   _____

Until my check arrives, I can't help you.   _____   _____

I'll call you as soon as my money is deposited.   _____   _____

It's always difficult when you have a well-paying job.   _____   _____

As soon as your friends find out, they ask for loans.   _____   _____

II. Now re-read each sentence. In Spanish, would you use subjunctive or indicative in each one? Mark them "S" or "I" in the second column, and explain why.

III. Complete the sentences about Ernesto's money problems with the correct form of the verb in parentheses. Read carefully to decide between indicative or subjunctive.

1. En el pasado, cuando Ernesto (necesite/necesitaba) dinero, se lo pedía a sus padres.

2. Tenía trabajo, pero tan pronto como le (pagaban/paguen) su sueldo, él lo gastaba en fiestas, ropa, viajes y citas.

3. En abril, después de que él (pague/pagó) sus impuestos, tenía muy poco dinero en su cuenta corriente.

4. Ahora Ernesto es más responsable. Cada mes, en cuanto (recibe/reciba) su cheque, va al banco para depositarlo.

5. Tiene un presupuesto ahora. Por eso, cuando (compre/compra) algo, siempre sabe exactamente cuánto dinero hay en su cuenta corriente.

6. Antes de que él (puede/pueda) pagar sus préstamos estudiantiles, necesita ahorrar más.

7. Pero Ernesto no va a poder ahorrar más dinero hasta que le (dan/den) un aumento de sueldo.

PRÁCTICA: Subjunctive and Indicative after Conjunctions of Time

Complete the three passages below with subjunctive or indicative. Study the drawings and the contexts to decide whether to use subjunctive or indicative.

Cuando Roberto (1. estudiar) _____, le gusta tomar un descanso a cada rato. Esta noche, tan pronto como Estela lo (2. llamar) _____, los dos van a tomar un café. Anoche, después de que Roberto y sus amigos (3. ver) _____ una película en la tele, él estudió por tres horas más. Nunca se acuesta hasta que (4. tener) _____ toda la tarea hecha para el día siguiente.

Raúl y Alicia salen con frecuencia con sus amigos Pati y Lorenzo. Esta noche, cuando Raúl y Alicia (5. entrar) _____ al restaurante, vieron que no estaban sus amigos todavía. No pueden pedir la cena hasta que (6. llegar) _____ Pati y Lorenzo. En cuanto todos (7. estar) _____ sentados, van a pedir la cena. A todos les encanta comer, y por eso siempre van a restaurantes buenos y caros cuando (8. salir) _____ juntos. Después de que (9. terminar) _____, Raúl y Alicia quieren ir al cine, pero Pati y Lorenzo prefieren ir a bailar.

A Laura le encanta viajar, y cuando (10. tener) _____ un poco de dinero ahorrado, siempre va de viaje a un lugar nuevo. El año pasado, después de que Laura (11. regresar) _____ de su viaje a Europa, empezó otra vez a depositar dinero en su cuenta de ahorros. Cuando (12. haber) _____ dinero suficiente en esa cuenta, a Laura le gustaría hacer otro viaje. Ella espera ganar la lotería algún día. Tan pronto como ellos le (13. dar) _____ el premio (prize money), Laura piensa hacer un viaje a América del Sur. Ella quiere pasar varios meses allí, y no va a volver hasta que se le (14. acabar) _____ el dinero de la lotería.

PRÁCTICA: Cuando yo sea grande...

The drawing below shows plans children had for their futures in the 1920s and the 1990s. Write a sentence explaining each person's plans, according to the model and based on what you see in the drawing.

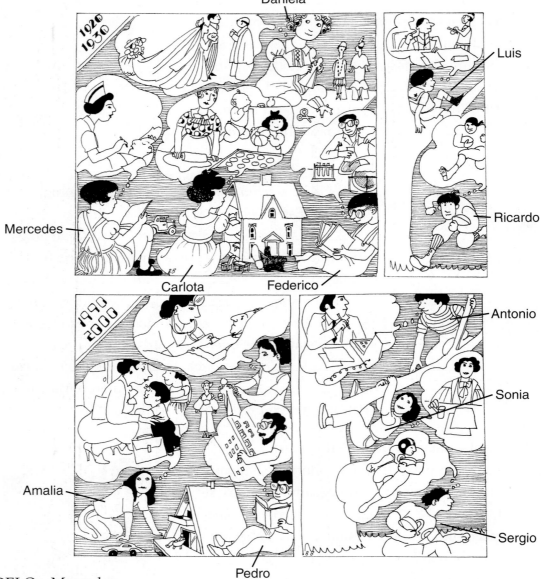

MODELO: Mercedes

Cuando Mercedes sea grande, será enfermera y trabajará en un hospital grande.

1. Carlota

2. Federico

3. Ricardo

4. Luis

5. Daniela

6. Sergio

7. Sonia

8. Antonio

9. Pedro

10. Amalia

REPASO: CAPÍTULO 16

I. Vocabulario

A. <u>Asociaciones</u>. What words do you associate with the following professions?

PROFESIÓN	COSA	ADJETIVO	LUGAR	OTRO
mecánico	coche	sucio	garaje	más hombres que mujeres
1. cocinero/a				
2. vendedor/a				
3. siquiatra				
4. fotógrafo/a				
5. peluquero				
6. contador				
7. bibliotecario				
8. periodista				
9. veterinario/a				
10. trabajador/a social				

B. <u>Definiciones</u>.

1. Cuando necesitas dinero, puedes pedir un _____, o si tienes una cuenta corriente, puedes _____ un cheque.

2. Si no quieres recibir una cuenta enorme de Visa o Mastercard, es buena idea pagar _____ cuando compras algo.

3. Me gusta que mi banco tenga _____ cerca de mi trabajo y de mi casa.

4. Si piensas hacer un viaje, debes hacer un _____ para saber exactamente cuánto dinero vas a necesitar.

5. Depositas el dinero que no piensas gastar en una _____.

6. Es muy difícil _____ dinero cuando uno tiene muchos _____, como la matrícula, el alquiler y los seguros.

C. En el Banco Central. Answer the questions below based on the picture and your imagination.

1. ¿Cuántos cajeros trabajan en el Banco Central?

2. ¿Cuánto dinero tendrá Pepe en el banco?

3. ¿Qué hace el señor Ruíz?

4. ¿Qué hará el señor Ruíz con el dinero que cobró?

5. ¿Qué tipo de cuenta tendrá el señor Ruíz?

6. ¿Por qué pide un préstamo la señora Solís?

D. Consejos. You are a career counselor at your university. Suggest some careers for the following students, based on their likes and dislikes. Also give some recommendations for careers each person shouldn't go into.

MODELO: Me gusta trabajar solo/a. →
           Recomiendo que seas bibliotecario/a.
           Te sugiero que estudies computación, para ser programador/a.
           No recomiendo que seas maestro/a.

1. Hablo dos idiomas, me gusta viajar y tengo mucha experiencia con los negocios.

2. Me preocupan mucho los problemas enfrentando a (facing) los niños. Me gustaría trabajar con ellos y hacer algo por ellos.

3. No me gustaría estar encerrado/a (trapped) en una oficina todo el día. Prefiero estar afuera y hacer algún trabajo físico.

II. Gramática

A. El futuro. Complete the following passage about Alicia's plans for the future.

Cuando yo sea más grande, 1._____ (ir) a la universidad y

2._____ (estudiar) para ser veterinaria, porque me gustan mucho los

animales. Allá en la universidad, 3._____ (conocer) a un chico

inteligente y simpático. Él me 4._____ (invitar) a salir, y, con el tiempo,

nosotros 5._____ (casarse). Él 6._____ (ser) dentista, y

juntos, nosotros 7._____ (abrir) una clínica, con una mitad para mis

clientes animales y la otra para sus clientes humanos. 8._____ (Tener -

nosotros) mucho éxito y 9._____ (estar - nosotros) muy felices.

10._____ (Tener - nosotros) un hijo, una hija, un perro y un gato, todos

con dientes perfectos y de muy buena salud. 11._____ (Vivir) en una

casa amarilla e 12._____ (ir) a la playa todos los veranos.

B. La recepción de la Embajada Española. The Spanish Embassy is holding a big
reception for the King and Queen of Spain. Seven of the most popular people invited
said they can't make it. Why not? Speculate on what each is doing instead, using the
future of conjecture.

1. Carlos Santana

2. Denzel Washington

3. Willie Nelson

4. Penelope Cruz

5. Prince William

6. Bill Gates

7. Hillary Rodham Clinton

C. <u>Conjunctions of time: En una fiesta</u>. Read each sentence and decide if the underlined part would call for subjunctive or indicative in Spanish. Then translate the sentences.

1. <u>When Fred gives a party</u>, he always invites a lot of people.

2. We can't leave <u>until I find my keys</u>.

3. <u>When Enrique gets here</u>, I want to talk to him.

4. They'll run out of food <u>before we go</u>.

5. I'll help Fred clean <u>after the party ends</u>.

6. We had fun <u>until they called the police</u>.

7. <u>After Paco left</u>, Laura danced with someone else.

III. **¿Qué diría?** Write one or two sentences for the following situations.

1. You desperately need a loan to buy a computer. What would you say to the loan officer at the bank?

2. You really want a credit card, but you can't convince your parents to co-sign with you.

3. Your rent check bounced and your landlord is really mad.

4. It's Mother's Day and you have no money left. Explain to your mom what you did with the money to buy her a present.

IV. Diálogos

Write a dialogue based on one of the situations below. Be prepared to role-play your dialogue with a partner for the class.

1. You're in the office of an employment counselor discussing job possibilities for after graduation. With the counselor:
   - talk about your major (**especialización**) and what kind of job you'd like to have;
   - what jobs you've had in the past and why you didn't like them;
   - when you would like to begin and how much you need to earn.

2. Your company is being restructured and you're worried that you could lose your job. With your boss:
   - discuss what you've done for the company (**la empresa**) and why they need you;
   - what will happen to the company if they fired you;
   - why they should give you a raise.

3. Your parents are disgusted with your spending habits. They have threatened to cut off all financial help. Write a dialogue in which:
   - you explain to your parents what you did with the $3,000 they gave you for tuition;
   - you tell them why you need another loan;
   - you say what you will do in the future to handle money more responsibly.

Information Gap Activity: Los préstamos del Banco Exterior de Miami

You and your partner are loan officers at the Banco Exterior de Miami and are reviewing the account information of clients who have asked for loans. Use your chart to answer your partner's questions about the clients, and fill in the missing information in your chart by asking your partner questions. Once the charts are completed, you and your partner must decide together who gets a loan and in what amounts. Remember, you can only loan a total of $100,000 this week.

Preguntas útiles:

¿Cuánto tiene _____ en su cuenta corriente?   ¿Para qué necesita el préstamo?

¿Cuánto ha pedido de préstamo?   ¿Debemos prestarle el dinero? ¿Cuánto?

Compañero A

Cliente	Cuenta corriente	Cantidad de préstamo	Necesita el préstamo para...	Sí/No (¿Cuánto?)
Sr. Salazar	$32.200		arreglar su casa después de un huracán	
Sra. Torres		$250.000		
Srta. de Hoyos	$1.570		pagar la matrícula	
Sr. Dávila		$57.000		

Compañero B

Cliente	Cuenta corriente	Cantidad de préstamo	Necesita el préstamo para...	Sí/No (¿Cuánto?)
Sr. Salazar		$45.000		
Sra. Torres	$117.700		abrir un restaurante	
Srta. de Hoyos		$13.400		
Sr. Dávila	$16.900		comprar un coche Ferrari	

GUIDED WRITING AND SPEAKING: Aspiraciones

A. Using the picture and your imagination, answer the following questions in complete Spanish sentences. Pay careful attention to the way the questions are phrased in order to use the correct structures in your answers.

Benito   Raquel   Miguel   Alicia

1. How well did Benito play the piano yesterday?
2. When he's grown up, what will he be?
3. What did Raquel receive for Christmas?
4. Why is it important for Raquel to have a horse?
5. Does Miguel feel like playing on the basketball team?
6. What do you recommend that Miguel tell his father?
7. Will Miguel be a famous dancer when he's older?
8. Why doesn't Alicia like to go to parties?
9. Why does her mother insist that she go to so many parties?
10. Will Alicia win the Nobel Prize for chemistry?

B. Imagine you are the school counselor. Write a letter to the parents of one of the children in the drawing. Recommend three things they should do or stop doing to improve their relationship with the child.

C. With a partner, role-play a dialogue between the parent and child in one of the four scenes of the drawing.

Communicative Goals Practice #8

Try to talk about the scene below for 75 seconds. "Show off" all you have learned up to this point in the semester. Check the **Communicative Goals** boxes at the beginning of each chapter of your Supplement to see all that you should be able to do. For this practice, some of the possible categories are listed below. Try to use connectors (**porque, pero, y, también, por eso**) to make your description sound more fluent and natural.

1. description (age, personality, physical appearance, clothing)
2. what one of them used to do before choosing his/her current profession
3. the daily routine of one of them
4. what they like and dislike about their work
5. what you recommend they do to do well in their work
6. what they will do with their money

After you've finished your description, imagine you are talking to the characters in the drawing. Ask at least two questions to one or more characters.

CAPÍTULO
17

Communicative Goals for Chapter 17
By the end of the chapter you should be able to:

- discuss current events ❏
- express doubts, emotions, and wishes in the past ❏
- talk about what belongs to you and others ❏

Grammatical Structures
You should know:

- past subjunctive ❏
- stressed possessives ❏

PRONUNCIACIÓN

After listening to your instructor pronounce the following sentences, practice them with a partner.

- Daniel Durán dudaba que durara el desastre de la dictadura.
- Susana Sánchez sintió que el senador no supiera representar a los ciudadanos satisfactoriamente.
- Tomás Torres temía que el testigo no tomara en serio la tragedia del terremoto.
- El reportero recomendó que Rubén Ruíz regresara a Rusia rápidamente.
- Héctor Hernández hizo que Herlinda Haros invitara a su hermano a la huelga.

LISTENING COMPREHENSION: El noticiero

You will hear a news report. The first time you hear it, listen for who is being talked about and where the event took place. Write this information in the chart below. The second time you hear the report, complete the chart with information about what happened. Don't worry about understanding everything you hear.

¿Quién?	¿Dónde?	¿Qué pasó?

TITULARES

Read the following headlines. React to each, and then make a recommendation.

MODELO: ¡Se descubrió otro planeta nuevo!

Reacción: ¡Es increíble que (No puedo creer que / Es sorprendente que) hayan descubierto otro planeta!

Recomendación: Recomiendo que los científicos manden varios satélites para investigar.

1. Martha Stewart elegida al congreso estadounidense

   a. Reacción

   b. Recomendación

2. La universidad cancela las vacaciones de Navidad

   a. Reacción

   b. Recomendación

3. ¡Oprah Winfrey se engorda otra vez!

   a. Reacción

   b. Recomendación

4. ¡Escandaloso reportaje sobre el Príncipe William de Inglaterra y Norah Jones!

   a. Reacción

   b. Recomendación

5. OVNIs vistos en Filadelfia por miles de habitantes

   a. Reacción

   b. Recomendación

PRÁCTICA: El imperfecto del subjuntivo (I)

You already know that in Spanish, the past subjunctive is formed from the third-person plural of the preterite. Complete the pairs of sentences below with the correct preterite and past subjunctive forms.

1. El viernes pasado, todos mis alumnos _____ (llegar) tarde. Hoy les dije que no _____ (llegar) tarde a clase.

2. La semana pasada, mis padres me _____ (mandar) dinero para pagar la matrícula. Les pedí que me lo _____ (mandar) muy pronto.

3. Mis amigos me _____ (ayudar) a limpiar mi casa antes de la fiesta. Esperaba que alguien me _____ (ayudar) a limpiarla después de la fiesta también.

4. En mi primera clase de español, los exámenes no _____ (ser) difíciles. Sin embargo, dudaba que el examen final _____ (ser) tan fácil.

5. El año pasado, mis supervisores me _____ (dar) un aumento de sueldo, aunque mi jefe no quería que ellos me lo _____ (dar).

6. El año pasado, mis tíos _____ (hacer) un viaje a España. Querían que yo _____ (hacer) el viaje con ellos, pero no pude.

7. Ayer mis amigos me _____ (decir) un secreto, pero insistieron en que no se lo _____ (decir - yo) a nadie.

8. El verano pasado, mis suegros (in-laws) _____ (decidir) viajar a Virginia. Tenía miedo de que ellos _____ (decidir) pasar mucho tiempo con nosotros.

9. Mis compañeros de casa _____ (comprar) un sofá viejo y feo para la sala. Quería que nosotros _____ (comprar) uno bonito, pero costaba demasiado.

10. La semana pasada, dos muchachos, Ramón y Jaime, me _____ (invitar) a salir. Esperaba que Guillermo me _____ (invitar), pero no me llamó.

PRÁCTICA: El imperfecto del subjuntivo (II)

A. <u>Mi primer día de clases</u> Complete with the correct form of the past subjunctive

1. No quería que mi mamá me _____ (acompañar) hasta la parada del autobús.
2. Mi mamá insistió en que _____ (ponerse - yo) un sombrero y una bufanda, aunque no hacía frío.
3. Mi papá me dijo que no _____ (hablar) con desconocidos (strangers).
4. Cuando llegué a la escuela, la directora me dijo que _____ (venir) con ella.
5. Fuimos a la clase, y allí la maestra me pidió que _____ (sentarme) en la primera fila.

B. <u>Una fiesta en casa de Diana</u> Using the drawings and cues below, and your imagination, write a short (5-6 sentences) paragraph about the drawing.

A Pedro no le gustaba que…
Pilar quería que...

A los vecinos les parecía increíble que...
Nora llamó a un amigo para que...

C. <u>Ojalá que...</u> Make a wish in Spanish for the following people or things:

Ejemplo: yo → ¡Ojalá (que) tuviera más dinero!
¡Ojalá (que) me graduara este año!

1. tus padres / tu familia

2. tu mejor amigo/a

3. tu peor enemigo/a

4. el examen final de español

5. el mundo

PRÁCTICA: Las formas tónicas (*Stressed Possessives*)

Remember that the stressed possessives must agree in gender and in number with the nouns they modify.

mío/a/os/as	nuestro/a/os/as
tuyo/a/os/as	vuestro/a/os/as
suyo/a/os/as	suyo/a/os/as

Two grandmothers, doña Clarita y doña Luisita, are talking about their lives with each other. Doña Luisita has an inferiority complex and always tries to "one up" her friend, Clarita. Come up with doña Luisita's responses, using stressed possessives according to the model.

Ejemplo: doña Clarita: ¡<u>Mis</u> nietos son muy cariñosos!
            doña Luisita: Pues, <u>los míos</u> son cariñosos e inteligentes, también.

1. doña Clarita: ¡<u>Nuestro</u> piso es magnífico!
   doña Luisita:

2. doña Clarita: ¡<u>Mis</u> cuñados son tan amables!
   doña Luisita:

3. doña Clarita: ¡<u>Mi</u> hijo trabaja en Francia, y su trabajo es excelente!
   doña Luisita:

4. doña Clarita: <u>Mi</u> esposo tiene un jardín, y ¡sus flores son preciosas!
   doña Luisita:

5. doña Clarita: ¡<u>Mi</u> nieto trabaja para IBM, y su sueldo es altísimo!
   doña Luisita:

6. doña Clarita: ¡<u>Mi</u> hija se casa con un duque el próximo mes!
   doña Luisita:

7. doña Clarita: ¡<u>Mi</u> vida es perfecta!
   doña Luisita:

PRÁCTICA: Stressed Possessives (Las formas tónicas)

After a party, two housemates, Anita and Nuria, are trying to figure out what stuff belongs to whom. Complete their conversation with the correct form of the stressed possessive (*mío, tuyo, suyo,* etc.).

ANITA: ¿Esta chaqueta es 1._____?
yours

NURIA: No, no es 2._____. Creo que es de Elena.
mine

ANITA: No, no es 3._____. La 4._____ está aquí. ¿Y no sabes si son
hers   *hers*

5._____ estos discos compactos?
hers

NURIA: No, pensaba que esos discos compactos eran 6._____. Pero sí son
ours

7._____ estos cassettes aquí
hers

ANITA: No, no son 8._____. Esos cassettes son de Jaime, creo.
hers

NURIA: No, los 9._____ están allí, encima del estéreo. ¿Y son 10._____
his   *yours*
estas llaves aquí?

ANITA: No, las 11._____ están en la cocina. Posiblemente esas llaves son de
mine
Laura y Pablo.

NURIA: No creo. Las 12._____ están en el comedor. Entonces, si las llaves
their

13. _____ están en la cocina y las 14._____ en el comedor,
your   *their*
¿dónde están las 15._____?
mine

ANITA: No sé, Nuria. Eso es problema 16._____. Búscalas allí, en el sofá. Tal
your
vez están allí con las cosas de Tomás y Lourdes.

NURIA: Vamos a ver. Aquí están las chaquetas 17._____ y la bolsa de
their
Lourdes, pero no veo nada 18._____. ¡Qué confusión!
mine

ANITA: Pues, te ayudo a buscar las llaves 19._____, con tal que me ayudes a mí.
your
No encuentro los zapatos 20._____ en ninguna parte.
mine

NURIA: Está bien. Pero recuerda que dar esta fiesta no fue idea 21._____, ¿eh?
mine

REPASO: CAPÍTULO 17

I. Vocabulario

A. What places or people do you associate with the following words?

1. choque
2. dictador
3. reina
4. desastre
5. catástrofe natural

6. reportero/a
7. leyes federales
8. huelga
9. derechos civiles
10. guerra

B. Definiciones.

1. Cuando alguien mata a otra persona:
2. Persona que ve un accidente o un asesinato:
3. Lo que los líderes hacen:
4. Un conflicto armado:
5. Programa que presenta las noticias:
6. Cuando los obreros dejan de trabajar para protestar algo:
7. Lo que tienes que obedecer:
8. Un acontecimiento horrible:

C. Preguntas personales. Contesta en español.

1. ¿Qué programa prefieres ver, el noticiero o "Entertainment Tonight"?

2. ¿Cómo se llama el periódico de tu ciudad? ¿Qué piensas de ese periódico?

3. ¿Crees que el servicio militar debe ser obligatorio?

4. ¿Has sido testigo de un crimen alguna vez?

5. ¿Te gustaría ser ciudadano/a de otro país? ¿Por qué?

6. ¿Por qué crees que muchos estadounidenses no votan en las elecciones?

7. ¿Te gustaría ser rey o reina de algún país? ¿Por qué?

II. Gramática

A. El imperfecto del subjuntivo: Recuerdos de infancia. Complete the passage below with the correct form of the past subjunctive, according to the subject indicated.

De niña, yo tenía miedo de que las brujas debajo de mi cama 1._____ (salir) alguna noche y me 2._____ (comer). Mis padres no querían que 3._____ (ser - yo) una niña supersticiosa, y un día me dijeron "Ana, no seas tonta. No hay brujas". Pero no podía creer que las brujas no 4._____ (existir), y por eso quería que mi madre 5._____ (venir) a mi alcoba y que nosotros 6._____ (pasar) las noches juntas. Mi madre no quiso hacer eso, así que les pedí a mis padres que no 7._____ (apagar) las luces de mi habitación. Mis padres dudaban que 8._____ (poder - yo) dormir con las luces encendidas. No entendían que era imposible que 9._____ (dormir - yo), con luces o sin luces. Ellos pensaban que era extraño que 10._____ (tener - yo) tanto miedo de algo que no existía.

B. El imperfecto del subjuntivo: Recuerdos de tu niñez y adoloscencia. Answer the following questions about your younger days.

Cuando eras niño/a...

1. ¿Qué te decían tus padres que hicieras?

2. ¿De qué tenías miedo?

3. ¿Era necesario que tus padres te castigaran frecuentemente? ¿Por qué?

Cuando tenías 16 años...

4. ¿A qué hora querían tus padres que estuvieras en casa después de una cita?

5. ¿Tus padres permitían que usaras el coche?

6. ¿Qué tipo de coche querías que tus padres o tus abuelos te compraran?

C. El fin de semana de Lupe y Concha. Fill in the correct form of the verb. You will be using preterite, imperfect, and present and past subjunctive.

La semana pasada 1._____ (ir - yo) a Madrid con Lupe, mi compañera de cuarto. Nosotras 2._____ (tomar) el tren de Sevilla que 3._____ (tardar) sólo tres horas. 4.¡_____ (Ser) fenomenal! La primera noche 5._____ (decidir - nosotras) ir a la Plaza Mayor porque 6._____ (querer - yo) que un artista allí 7._____ (pintar) mi retrato. Quería que el retrato 8._____ (ser) pequeño para que mi novio lo 9._____ (poder) poner en la mesita al lado de su cama. 10._____ (Tener - yo) que estar sentada por dos horas. Cuando por fin el artista 11._____ (terminar) y 12._____ (ver - yo) mi retrato, no me 13._____ (gustar) para nada. La nariz 14._____ (salir) demasiado grande y el cuello 15._____ (parecer) como el de una jirafa. ¡Qué desastre! No quería que mi novio 16._____ (tener) un retrato tan grotesco a su lado.

Preguntas
1. ¿Dónde viven Lupe y Concha?

2. ¿Por qué decidieron ir a la Plaza Mayor?

3. ¿Por qué quería Concha un retrato pequeño?

4. ¿Por qué no le gustó el retrato?

D. Situaciones. The new reporter Ramón on Channel 42 has been a disaster from his first day on the job. He needs to shape up. You are his boss; tell him what he needs to do in order not to get fired.

1. A menos que Ud. _____.

2. Le recomiendo que _____.

3. Es necesario que Ud. _____.

That night at dinner Ramón tells his wife what his boss said:

4. Me dijo que a menos que yo _____.

5. Me recomendó que _____.

6. Me dijo que era necesario que yo _____.

E. <u>Las formas tónicas: De viaje</u>. Complete the sentences with the correct form of the stressed possessive.

1. Esta maleta aquí es _____ (mine); la otra allá es _____ (yours).

2. Éste es tu pasaporte... ¿dónde está el _____ (mine)?

3. José vino al aeropuerto en su coche, pero nosotros dejamos el _____ (our) en casa y tomamos un taxi.

4. Sr. Rojas, creo que Ud. está en mi asiento. El _____ (your) es el 21B, no el 21A.

5. Pablo facturó su equipaje y nosotros también. Ahora nuestras maletas están en Chicago y las _____ (his) están en Nueva York.

III. ¿Qué diría Ud.? You want to get out of doing the following things without hurting anyone's feelings. Come up with an excuse for each invitation, using **Ojalá (que)...** + past subjunctive.

- The annoying person behind you in class asks you out.

- Your roommate wants you to go to a Finnish film festival with him/her.

- Your dad wants to spend some time with you on Saturday...cleaning out the garage.

Key Language Functions: Description, Comparison, Likes and Dislikes, Narration in the Past, Reaction and Recommendation, and Talking about the Future.

The chart below shows the linguistic tools needed to perform these six key language functions.

D DESCRIBIR	To construct a description →	Vocabulary →	Linguistic Tools Needed: • **ser** vs. **estar** • noun-adjective agreement
C COMPARAR	To construct a comparison →	Vocabulary →	Linguistic Tools Needed: • noun-adjective agreement • **más/menos...que** • **tan...como** • **tanto/as/os/as...como**
G GUSTOS	To construct a statement → of likes and dislikes	Vocabulary →	Linguistic Tools Needed: • **Gustar**-type constructions • Indirect-object pronouns
P PASADO	To construct a description → in the past or narrate a series of past events	Vocabulary →	Linguistic Tools Needed: • Preterite vs. imperfect
R REACCIONAR RECOMENDAR	To construct a reaction → or recommendation	Vocabulary →	Linguistic Tools Needed: • Subjunctive in noun clauses; commands
F FUTURO	To construct a future narration →	Vocabulary →	Linguistic Tools Needed: • Future tense; subjunctive in adverbial clauses

Take turns with a partner talking about the following topics. Remember to pay attention to the linguistic tools (the grammar rules) you need to express these key language functions accurately.

• Describe a fascinating profession in your opinion.

• Compare your grandparents' jobs and your parents' jobs.

• Tell what fascinates people about reports of violent crime and natural disasters.

• Tell about the last big item you bought. Explain what it was, where you bought it, how much it cost, and why you bought it.

• Tell what you recommend that students do to alleviate stress during finals.

• Explain what you will do to protect your own children from crime and violence as they grow up.

GUIDED WRITING AND SPEAKING: Las noticias desde Chicago, 1925

A. Using the picture and your imagination, answer the following questions in complete Spanish sentences. Pay careful attention to the way the questions are phrased in order to use the correct structures in your answers.

Vocabulario: **el letrero** = sign **el sótano** = cellar
la cárcel = jail **vigilar** = to guard, to watch

1. What time was it when you found out about the murder of Bruno "El Bruto"?
2. What was Bruno doing when the detectives arrived?
3. What happened in the Banco del Norte yesterday?
4. Why was it easy for Carla and Paco to enter the bank?
5. Why were Mario and Rafa making wine in the cellar?
6. Who insisted that they make wine?
7. Why was it stupid that nobody guarded the door to the cellar?
8. What is Inés' mother going to do when she finds out that Inés is in jail?
9. Why did Héctor insist on giving the mayor a ticket?
10. How much of a raise will Héctor get, provided that he writes enough tickets each day?

B. Write a report from the mayor of Chicago telling what happened in the city yesterday. Include his/her reaction to the events, as well as some recommendations about what police and citizens should do to make the city safer.

C. With a partner, role-play a dialogue between any two characters in the drawing.

<h1>C A P Í T U L O
18</h1>

Communicative Goals for Chapter 18
By the end of the chapter you should be able to:

• discuss travel plans and where to stay	❑
• hypothesize	❑
• talk about what you would do in certain situations	❑

Grammatical Structures
You should know:

• conditional verb forms	❑
• if clauses	❑

PRONUNCIACIÓN

Listen and repeat as your instructor reads the following sentences. Then practice with a partner.

- Paco Padilla no pudo encontrar su pasaporte porque lo había puesto en sus pantalones pardos que dejó en la pensión en Pamplona.

- Ana Amaral admitió que la azafata anunció algo acerca de la aduana, pero no lo escuchó.

- Tito Tamarindo temía que todos los turistas tomaran el tren a Toledo en vez de ir a Tarragona.

- Héctor y Herlinda han sido huéspedes en el humilde Hotel Holanda por ocho días, pero ahora han hecho una reserva en un hotel más hermoso.

LISTENING COMPREHENSION: ¿Dónde están?

You will hear parts of several conversations taking place in Madrid. As you listen to each speaker, decide where he or she is, and circle the corresponding place from the choices below.

1. un café   un quiosco
2. el correo   un estanco
3. una papelería   un estanco
4. una farmacia   un almacén
5. una heladería   una pastelería
6. un quiosco   una papelería
7. un quiosco   un hotel
8. una estación de metro   una parada de autobuses
9. un café   una parada de autobuses
10. un hotel   la aduana
11. un café   un hotel

PRÁCTICA: El condicional

Complete the passages below with the correct conditional forms of the verbs in parentheses.

Los sueños de Teresa y Juan

      Ay, Juan...¡cómo me 1._____ (gustar) mudarnos de este apartamento tan feo y chico e irnos a vivir en el campo! Imagínate...todo 2._____ (ser) tan lindo y tranquilo, con las flores, los árboles y el aire puro. Allí 3._____ (poder - nosotros) comprarnos una casita. La 4._____ (pintar - nosotros) de blanco o de amarillo. 5._____ (Tener - yo) un jardincito con flores, y 6._____ (poder - tú) plantar una huerta (orchard) pequeña. Teresita 7._____ (aprender) a montar a caballo y a trepar árboles. Le 8._____ (comprar - nosotros) un perrito para Juanito, y los dos 9._____ (andar) por los bosques. 10.¡_____ (Estar - nosotros) tan contentos!

El viaje espacial de Rafael

      A mi amigo Rafael le fascina la ciencia-ficción. Le 1._____ (encantar) poder viajar por el espacio y el tiempo. Dice que 2._____ (ir - él) a otras galaxias y 3._____ (visitar) otros planetas. Allí, 4._____ (conocer - él) a varias razas extraterrestres y les 5._____ (explicar - él) cómo somos los humanos. 6._____ (Casarse - él) con una ingeniera aeroespacial de piel verde de otro planeta. Juntos, ellos dos 7._____ (construir) una nave espacial y 8._____ (empezar) a explorar más y más sistemas solares. Imagínense... 9._____ (llegar - ellos) hasta el fin del universo, solos y enamorados.

      Yo soy tímido, y 10._____ (tener - yo) miedo de ir tan lejos. 11._____ (Preferir - yo) quedarme aquí en la tierra, pero 12._____ (extrañar - yo) mucho a Rafael. Tal vez nosotros 13._____ (poder) comunicarnos por una radio espacial.

PRÁCTICA: ¿Qué harías?

Answer each of the questions based on the drawings and using your imagination.

4. Si estuvieras en el avión, ¿qué les dirías a los pasajeros?

   Si no dejaran de fumar, ¿entonces qué harías?

1. Si fueras Emilia, ¿cómo te sentirías al ver a Isabel?

   ¿Podrías vivir con ella?

   ¿Qué harías si Isabel diera muchas fiestas?

2. Si fueras Isabel, ¿te gustaría vivir con Emilia?

   ¿Qué pensarías de ella?

   ¿Limpiarías el apartamento con frecuencia?

3. Si fueras Guillermo, ¿qué le dirías a Felix?

   Y si fueras Felix, ¿qué harías?

5. ¿Qué le dirías a la chica del walkman?

   Si no pudieras estudiar en la biblioteca, ¿adónde irías?

PRÁCTICA: El condicional y el imperfecto del subjuntivo

A. Write five sentences explaining where Celia would go, how she would travel and what she would do on her dream vacation. Use the conditional and the information in the drawing.

1.

2.

3.

4.

5.

B. Complete the sentences below with a phrase using the conditional or the imperfect subjunctive, according to the context.

1. Si ganara la lotería...

2. Yo iría de viaje si...

3. Si no fuera estudiante...

4. Mis padres estarían más contentos conmigo si...

5. Si pudiera hablar con el presidente...

PRÁCTICA: Si yo fuera...

For each of the pictures, read what happened to these people in the past, and then write what you would do if it happened to you.

MODELO: Sofía no pudo comprar un suéter de lana en el mercado de artesanías, porque no tenía suficiente dinero.

Si yo fuera al mercado, llevaría más dinero conmigo.

1. El año pasado Felipe y Victoria tomaron demasiado vino y bailaron delante de todo el mundo.

Si yo _____

_____.

2. Hace dos años, Luis se perdió en Veracruz.

Si yo _____

_____.

3. El verano pasado, arrestaron a Rafael en la aduana porque llevaba 5 cámaras.

Si yo _____

_____.

4. Cuando fueron a Espana, los señores Smith tuvieron muchos problemas porque no hablaban español.

Si yo _____

_____.

¡PROBLEMAS PERSONALES!

What would you do if you were in the following situations? Give your advice for each problem, according to the model.

Ejemplo: Voy a sacar una D en el examen final de español.
             Si fuera tú, estudiaría más y hablaría con la profesora.

1. Mi trabajo es horrible y mi jefe no me respeta.

2. No me llevo bien con mi compañero/a de cuarto.

3. No sé qué hacer cuando me gradúe de la universidad.

4. No puedo pagar las facturas de la tarjeta de crédito.

5. Hay muchas cucarachas en la cocina de mi apartamento.

6. Me quiero casar pero mi novio/a dice que esperemos un poco.

7. Perdí mi currículum y tengo una entrevista en una hora.

8. Aumenté 20 libras este semestre. Temo que mi novio/a no me vaya a reconocer.

9. Mi novia es vegetariana y mi madre no puede entender eso. Estoy seguro que mi madre va a servirle carne.

10. Mi padre me dice que va a darme $100 con tal de que saque una A en español, pero recibí una nota de 85 en el último examen.

REPASO: CAPÍTULO 18

I. Vocabulario

A. <u>Asociaciones</u>. ¿Cuáles son las palabras o las personas que asocias con las siguientes palabras o expresiones?

1. el servicio de cuartos
2. el hotel de lujo
3. la aduana
4. la pastelería

B. <u>Definiciones</u>. Escribe una definición en español para las siguientes palabras.

1. media pensión

2. propina

3. cheques de viajero

4. quiosco

II. Gramática

A. <u>El condicional</u>. Don't forget that irregular verbs in the future are also irregular in the conditional and are formed using the same stem.

decir	→ dir	
hacer	→ har	-ía
poder	→ podr	-ías
poner	→ pondr	-ía
querer	→ querr	-íamos
saber	→ sabr	-íais
salir	→ saldr	-ían
tener	→ tendr	
venir	→ vendr	

Complete the passage below about what Jorge would do on a trip with the correct Spanish forms of the English verbs in parentheses.

¿Adónde 1._____ (*would I go*) si tuviera mucho dinero? Pues,

2._____ (*I would take* / hacer) un viaje a América del Sur.

3._____ (*I would travel*) por barco, y 4._____ (*I would want*)

viajar con mis amigos. 5._____ (*We would leave*) de Nueva York, y durante

el viaje en barco 6._____ (*we would visit*) muchos lugares: Puerto Rico,

Caracas, Río de Janeiro y São Paolo. De Buenos Aires, 7._____ (*we could*)

viajar hacia el interior. 8._____ (*We would have*) la oportunidad de esquiar

en los Andes y de explorar la selva tropical del Amazonas. ¿Qué tal te parece mi viaje

ideal? 9._____ (*Would you want*) acompañarme?

B. <u>¡Ojalá fuera así!</u> What would you do if you were in the following situations?
Complete each sentence.

1. Si yo estuviera en Cancún, México...

2. Si yo pudiera viajar a cualquier país...

3. Si yo visitara las ruinas de Machu-Picchu...

4. Si mis amigos y yo hiciéramos un viaje a España...

5. Si yo fuera a la Ciudad de México...

C. <u>Sueños de un viaje a España.</u> Complete Mónica's ideas about her dream trip to Spain
with the conditional or imperfect subjunctive, according to the context.

1. Si fuera a Andalucía, _____ (tener que) visitar Sevilla y Granada.

2. Si estuviera en el norte al principio de julio, _____ (correr) con los toros
en Pamplona.

3. Si _____ (tener) suficiente dinero, me quedaría en el Hotel Ritz.

4. Si _____ (viajar) a Sevilla en primavera, vería la Feria de Abril.

5. Si pudiera pasar un rato en Barcelona, _____ (ir) al Museo Picasso y el
Barrio Gótico.

6. Si _____ (llegar) a Santiago de Compostela el 25 de julio, podría
participar en la celebración del santo patrón de España.

Key Language Functions: Description, Comparison, Expressing Likes and Dislikes, Narration in the Past, Reaction and Recommendation, Talking about the Future, and Hypothesizing

The chart below shows the linguistic tools needed to perform these seven key language functions.

DESCRIBIR D	To construct a description →	Vocabulary →	Linguistic Tools Needed: • **ser** vs. **estar** • noun-adjective agreement
COMPARAR C	To construct a comparison →	Vocabulary →	Linguistic Tools Needed: • noun-adjective agreement • **más/menos...que; tan... como; tanto/as/os/as...como**
GUSTOS G	To construct a statement → of likes and dislikes	Vocabulary →	Linguistic Tools Needed: • **Gustar**-type constructions • Indirect-object pronouns
PASADO P	To construct a description → or narration in the past	Vocabulary →	Linguistic Tools Needed: • Preterite vs. imperfect
REACCIONAR RECOMENDAR R	To construct a reaction → or recommendation	Vocabulary →	Linguistic Tools Needed: • Subjunctive in noun clauses; commands
FUTURO F	To construct a future narration →	Vocabulary →	Linguistic Tools Needed: • Future tense; subjunctive in adverbial clauses
HIPOTESIS H	To construct a hypothesis →	Vocabulary →	Linguistic Tools Needed: • Conditional • Imperfect subjunctive

Take turns with a partner talking about the following topics

• Describe the perfect vacation spot.

• Compare two places you visited while on vacation when you were a child.

• Tell what bothers customers about air travel these days.

• Describe a bad travel experience you have had.

• Tell where you recommend a tourist visiting your state should go to have fun.

• Tell where you will go on your next vacation, what you will do there and why.

• If you could study in any Spanish–speaking country which one would you choose?

Round Robin: Grammar Monitor Activity

In this activity you will work in groups of four. Each partner will alternate roles until all four of you have (1) reacted to each statement; (2) made a recommendation; (3) said what you would do if you were that person or were in that situation; and (4)served as the grammar monitor.

Statements	Roles of Partners A, B, C, and D
1. Ramón se quedó en un hotel barato y había cucarachas en el baño. 2. Cuando Sara pasó el semestre en España, empezó a fumar otra vez. 3. Aunque sus padres le pagaron el viaje a Costa Rica, Daniel no les mandó ni una postal, ni los llamó. 4. Un día Ana dejó su pasaporte en un bar y al día siguiente perdió sus billetes para volver a California.	A. React B. Recommend C. Hypothesize D. Be the monitor

Partner A: Read the statement aloud, then give your reaction using an impersonal expression such as *Es terrible que…, Es obvio que…,* or *Es fenomenal que…*

Partner B: Offer a suggestion or recommendation to the person in each statement.

Partner C: Hypothesize about what you would do, if you were that person or were in that situation. Use the past subjunctive and the conditional. Example: *Si yo fuera Ramón, iría a…*

Partner D: As the grammar monitor, your job is to write down the subjunctive and conditional verb forms that you hear. Make sure that subjunctive is not used with expressions indicating certainty such as *Es evidente que…, Es cierto que…,* or *Es verdad que…*Also remember that speakers can use the present subjunctive (*…que pierda*), the present perfect subjunctive (*…que haya perdido*), or the past subjunctive (*…que perdiera*).When Partners A, B, and C are finished, give them feedback on whether or not the are using the subjunctive correctly for reactions and recommendations, and whether they are using the past subjunctive and conditional to talk about hypothetical situations.

Now switch roles. Partner A will recommend, Partner B will hypothesize, Partner C will be the grammar monitor and Partner D will react. Then switch roles two more times.

GUIDED WRITING AND SPEAKING: En Madrid

A. Using the picture and your imagination, answer the following questions in complete Spanish sentences. Pay careful attention to the way the questions are phrased in order to use the correct structures in your answers.

1. Why is Sr. Globón mad, and what did he tell the clerk to do?
2. Who is Estrella, and how long will she stay in the Hotel Castillo?
3. What does she probably have in her luggage?
4. Why is Sra. Rojas angry, and what did she ask her children not to do?
5. What are Sr. and Sra. Mejillo talking about?
6. What do you recommend that Marcos and Alicia see and do during their honeymoon?
7. If you were Sr. Mejillo or Sra. Mejillo, what would you do?

B. Write 100 words about what you would do and where you would go if you were vacationing in Madrid.

C. With a partner role-play a dialogue between any two characters in the drawing.

Communicative Goals Practice #9

Try to talk about the scene below for 75 seconds. "Show off" all you have learned up to this point in the semester. Check the **Communicative Goals** boxes at the beginning of each chapter of your Supplement to see all that you should be able to do. For this last practice, some of the possible categories are listed below. Try to use connectors (**porque, pero, y, también, por eso**) to make your description sound more fluent and natural.

1. description (age, personality, physical appearance)
2. where these people went for vacation and where they stayed
3. what they like and don't like to do on vacation
4. what you suggest they do to avoid problems when traveling
5. what you would do if you were Jorge or Irma
6. what they will do the next time they take a trip

After you've finished your description, imagine you are talking to the characters in the drawing. Ask at least two questions to one or more characters.